MINDFULNESS EM FAMÍLIA

MÁRCIA DE LUCA   LÚCIA BARROS

MINDFULNESS EM FAMÍLIA

COMO DESENVOLVER A PRESENÇA PLENA E ENSINAR A
SEUS FILHOS VALORES QUE PODEM TRANSFORMAR O MUNDO

Copyright © 2019 by Márcia De Luca e Lúcia Barros

O selo Fontanar foi licenciado para a Editora Schwarcz S.A.

*Grafia atualizada segundo o Acordo Ortográfico da Língua Portuguesa de 1990,
que entrou em vigor no Brasil em 2009.*

CAPA Joana Figueiredo

FOTO DE CAPA Aine/ Shutterstock

PREPARAÇÃO Silvia Massimini Felix

ÍNDICE REMISSIVO Luciano Marchiori

REVISÃO Adriana Bairrada, Márcia Moura

Dados Internacionais de Catalogação na Publicação (CIP)
(Câmara Brasileira do Livro, SP, Brasil)

Barros, Lúcia
    Mindfulness em família : como desenvolver a Presença
Plena e ensinar a seus filhos valores que podem transfor-
mar o mundo / Lúcia Barros, Márcia De Luca. — 1ª ed. —
São Paulo : Fontanar, 2019.

    ISBN 978-85-8439-139-4

    1. Autoconsciência 2. Disciplina mental 3. Meditação –
Métodos 4. Mindfulness – Terapia cognitiva 5. Psicologia
6. Psicoterapia I. Luca, Márcia De. II. Título.

19-23918   CDD-158.12

Índice para catálogo sistemático:
1. Mindfulness : Meditação : Psicologia aplicada 158.12

Iolanda Rodrigues Biode – Bibliotecária – CRB-8/10014

[2019]
Todos os direitos desta edição reservados à
EDITORA SCHWARCZ S.A.
Rua Bandeira Paulista, 702, cj. 32
04532-002 — São Paulo — SP
Telefone: (11) 3707-3500
facebook.com/Fontanar.br

*Aos meus amores, Laura e Rachel, a razão de eu buscar ser melhor
a cada dia; que com mindfulness e valores vocês possam participar
ativamente da construção de um mundo justo, solidário e feliz,
para que a sua passagem neste planeta seja doce.*
Your mummy, with love to the moon and back, infinite times
Lúcia Barros

*Aos meus netos amados,
Livia, João Pedro, Isabela e Henrique,
que vocês sejam exemplos vivos da prática de
mindfulness e valores, e que assim se tornem coadjuvantes na
criação de um mundo mais justo, mais pleno e mais feliz para todos.*
Márcia De Luca

Sumário

Introdução 9

1. É sobre a sua vida 15
2. É sobre o nosso mundo 29
3. É sobre o seu cérebro 42
4. É sobre os seus valores 54
5. É sobre a sua prática 75
6. É sobre a sua rotina 90
7. É sobre o aqui e o agora 126

Conclusão — É sobre todos nós 141
Agradecimentos 143
Notas 145
Índice remissivo 147

Introdução

O sonho de mudar o mundo, o desejo de ajudar pessoas a desenvolverem todo o seu potencial e fazerem parte da construção de uma sociedade justa, solidária e feliz. Esses são os objetivos que nos uniram desde o início, quando nos conhecemos, mais de vinte anos atrás.

O mundo lá fora é um reflexo do estado interior de cada um de nós e, por isso, o caminho para a construção de uma sociedade melhor passa inevitavelmente pelo trabalho de aperfeiçoar o eu.

Para nós, esse trabalho interior sempre foi ligado à meditação e à ioga. Márcia foi uma das pioneiras na introdução da ioga e da meditação no Brasil, quando iniciou seus estudos no Chopra Center, há quase quarenta anos. Lúcia começou a praticar quando morava em Londres e cursava dois mestrados, nas áreas de comunicação e sociologia e de jornalismo.

Nossos caminhos se cruzaram quando, de volta ao Brasil e editora na revista *Marie Claire*, Lúcia decidiu escrever sobre os benefícios da meditação para a saúde ao mesmo tempo que procurava um professor para aprofundar-se no tema.

Na época, ela era responsável pelas grandes reportagens da revista, investigando assuntos como soluções para a fome e o equilíbrio entre maternidade e carreira. Apaixonada pela área de saúde, porém, também saía a campo para apurar histórias dessa outra editoria. Sua sugestão de reportagem sobre meditação só foi aceita depois de alguma discussão — o tema era pouco explorado pela mídia brasileira nos anos 1990. Uma vez aprovada a pauta, nos dias seguintes Lúcia deu início a um périplo de entrevistas com representantes das mais variadas vertentes meditativas.

Mas a busca pessoal de Lúcia por alguém que pudesse ajudá-la a desbravar os caminhos da meditação só terminaria mesmo na última entrevista marcada, com uma professora de ioga que tinha se formado nos Estados Unidos e fundado um estúdio em São Paulo: Márcia. Na época, a professora dava aulas de meditação no som primordial, uma vertente que se originou na tradição védica, mais de 5 mil anos atrás, na Índia. Mas ela não tentou convencer sua entrevistadora de que aquele método era melhor ou mais apropriado que qualquer outro. Ao contrário, afirmou que meditação boa é a que funciona para cada pessoa — e ali ganhou uma aluna dedicada.

Aquele encontro se desdobrou em amizade profunda e parceria frutífera. Ao longo das duas décadas seguintes nós estudamos por conta própria e juntas, compartilhando descobertas. Márcia intensificou seu vasto conhecimento dos Vedas, milenares escrituras indianas, cada vez mais se tornando a referência que hoje é em ioga, meditação e ayurveda (a tradicional medicina indiana). Fez dezenas de viagens à Índia, estudou com mestres de lá e ensinou no Brasil o que aprendia sobre as antigas tradições. Lúcia foi descobrindo o que as melhores universidades do mundo comprovavam sobre a meditação e a felicidade do ponto de vista científico. Fez cursos na Mindful Schools e nas universidades de Berkeley, MIT e Carolina do Norte em Chapel Hill, mergulhou em pesquisas e livros, começou a dar aulas sobre o tema em faculdades no Brasil e no exterior, ao mesmo tempo mantendo a prática e os estudos de ioga, meditação e ayurveda com Márcia.

Foi pelo viés do estudo científico da meditação que chegamos ao mindfulness, que pode ser traduzido como atenção plena, ainda que a palavra de origem inglesa esteja hoje muito presente na língua portuguesa também. E assim como o termo "esporte" inclui formas de exercícios físicos tão variados como tênis, caminhada e Fórmula 1, meditação abrange uma enorme variedade de práticas contemplativas ou linhagens meditativas, e o mindfulness é uma delas.

Depois de termos estudado e experimentado várias dessas linhas ao longo dos anos, o que nos atrai no mindfulness são algumas características específicas:

- seu aspecto secular: o mindfulness entra no Ocidente pela porta da Escola de Medicina da Universidade de Massachusetts, nos Estados Unidos, uma das mais respeitadas universidades do mundo. Tem suas raízes nas tradições contemplativas, como veremos adiante, mas sem sofrer o preconceito que muitas pessoas ainda nutrem em relação à meditação;

- a flexibilidade de sua prática: os momentos formais de mindfulness são apenas parte da história, que inclui uma tomada de consciência e de postura em momentos absolutamente informais, como lavar a louça ou dirigir, e isso ajuda muito na formação do hábito;

- sua relativa facilidade de introdução na rotina das pessoas nas grandes cidades: mindfulness é um convite para que a gente viva em um estado de atenção plena permanente.

Como praticantes e estudiosas de meditação, nós entendemos todas as práticas meditativas como caminhos de aperfeiçoamento do ser humano — a base de uma vida consciente. Esses caminhos pertencem à humanidade, independentemente de onde tenham se originado e dos nomes que ganhem ao longo do tempo.

Ficamos muito felizes com o fato de a ciência hoje ter todo um campo de estudos dedicado à meditação. Muito do que era dito pelos grandes *rishis* (os antigos sábios indianos), e do que nós sabíamos porque vivenciávamos em nossa prática e no contato com nossos alunos, agora pode ser explicado para o leigo, pode ser apresentado numa escola ou numa empresa, a partir de pesquisas realizadas em laboratórios de instituições como as americanas Harvard, Stanford e Universidade da Califórnia, as inglesas Oxford e Cambridge, e o instituto alemão Max Planck.

Porém, a ciência da meditação está apenas começando; há muito a ser mais bem compreendido e, talvez, nem tudo possa ser medido do modo como os cientistas fazem hoje... Por isso, neste livro, trazemos a ciência, mas também a nossa experiência, a fim de apresentar da forma mais ampla possível os muitos benefícios do mindfulness.

A notícia maravilhosa é que todo mundo pode aprender a meditar e nunca será tarde demais! Alguns minutos de prática diária já fazem diferença na vida das pessoas (oba, oba!). Só não fazem milagre (ops!). A meditação não depende de nenhuma crença, mas exige intenção, disciplina e tempo — três conceitos fundamentais que vamos explorar mais a fundo ao longo deste livro. E para que você possa realmente colher os muitos benefícios dessa prática será preciso combinar as aplicações informais com a prática formal. Ou seja: sim, você terá que sentar-se todos os dias em silêncio e concentrar-se — não existe outro caminho. Também já avisamos logo que quem espera ver fogos de artifício ou ter qualquer experiência extraordinária ao meditar engana-se em dois aspectos: a expectativa é inimiga do mindfulness, que parte de uma consciência e aceitação do momento presente como ele é; e valorizar o durante é não entender a finalidade real da prática, que está em construir a nossa melhor versão no dia a dia. Então, não é o efeito durante o processo da meditação que importa, e sim a nossa transformação de maneira permanente.

Em nosso trabalho atual, temos um olhar bastante voltado a crianças, pais, avós e professores, daí a ideia de escrevermos um livro de mindfulness para famílias. Em 2017, criamos juntas a Bindu Escola de Valores, a partir da percepção de que a confusão atual das sociedades é reflexo de uma profunda crise ética do ser humano — e que o mindfulness aliado aos valores pode ser um caminho espetacular para iniciar uma revolução de paz, compaixão e felicidade. Então, sempre que falamos em mindfulness, estamos também falando em heartfulness, que é a aplicação prática dos valores universais. Em muitas línguas asiáticas, aliás, a mesma palavra designa mente e coração.

De todas essas percepções e sonhos nasceu a nossa metodologia, que batizamos de Presença Plena: inspirada pela tradição milenar da filosofia iogue e pela novíssima psicologia positiva, utilizando-se de conhecimentos de ayurveda e da comunicação não violenta e baseada nas mais recentes descobertas da neurociência.

Nas próximas páginas, apresentaremos nossa visão de como a consciência que surge com a prática da atenção plena e a observação dos valores nos fazem desenvolver uma especialíssima Presença — assim mesmo, com "p" maiúsculo, poderosa, capaz de transformar o nosso dia a dia e o mundo inteiro. Trata-se de utilizar a plenitude dos nossos recursos, ou seja, o saber do corpo, a inteligência cognitiva e emocional, para encarar o aqui e agora e, a partir daí, poder escolher a melhor resposta, sempre cheia de compaixão pela experiência humana, a nossa e a dos outros.

Nosso objetivo é tornar esse conhecimento acessível ao maior número de pessoas possível, compartilhando-o em linguagem clara e ensinando técnicas efetivas para todas as idades. Hoje esses conceitos ainda são novos para a maioria, mas nós temos certeza de que chegará o dia em que mindfulness estará inserido na rotina das escolas e será uma prática tão comum nas casas das famílias como escovar os dentes. Sim, porque mindfulness é higiene mental e emocional a ser realizada todos os dias.

Daquele nosso primeiro encontro lá atrás já nasceram tantas reportagens, cursos, parcerias, projetos... Nasce agora este livro, mais um passo para cumprirmos nosso propósito de vida: mudar o mundo, uma pessoa por vez, uma meditação por dia. O Dalai Lama já disse que se todas as crianças de oito anos meditassem, mudaríamos o mundo em uma geração. Com as práticas de mindfulness e valores acreditamos que essa proposição fique mais acessível.

Mindfulness e valores, ou mindfulness e heartfulness, são as bases do nosso bem-estar e realização pessoal. São também capacidades fundamentais para construirmos sociedades saudáveis e felizes, com condições de criar respostas novas e adequadas para os desafios extremamente complexos e urgentes que se apresentam hoje. Mindfulness e heartfulness são uma maneira de ser, são Presença Plena em movimento. Obrigada por compartilhar conosco essa caminhada! Juntos fazemos a diferença por um mundo melhor.

COMO LER ESTE LIVRO

Muito mais do que um conhecimento teórico, mindfulness é uma maneira de ser que precisa de prática — como um esporte, que devemos jogar para de fato aprender. Por isso, apresentamos muitos exercícios para você incorporar à sua rotina, a partir de hoje mesmo.

Trabalhamos com técnicas respiratórias, meditações, posturas de ioga e relaxamento. Mantenha a coluna ereta, respire fundo, sorria para o seu esforço de aprender — e vamos juntos nesta jornada deliciosa para construirmos a melhor versão de nós mesmos e um mundo que tenhamos orgulho de deixar para as futuras gerações.

Que os nossos filhos e netos possam aprender mindfulness e valores desde pequenos. Que todos nós possamos viver de forma ética, saudável e feliz. Que a nossa passagem por este planeta facilite o caminho dos que cruzam conosco. São esses os nossos desejos — e este livro contribui para torná-los realidade.

Boa leitura!

1. É sobre a sua vida

Nenhum problema pode ser resolvido a partir do mesmo nível de consciência em que foi gerado.
Albert Einstein

Vamos começar com um convite. Deixe que o seu corpo encontre uma posição confortável, mantenha a coluna ereta e então comece a prestar atenção à sua respiração, como se fosse algo totalmente inédito para você. A ideia é investigar o ato de respirar com curiosidade, como uma criança que explora pela primeira vez um brinquedo novo. Ou como se você fosse um extraterrestre e nunca antes houvesse respirado. Tente sentir ao máximo o que se passa no seu corpo: a temperatura do ar na inalação é igual ou diferente da temperatura na exalação? A sua inspiração é tão longa quanto a expiração? O ar é seco ou há certa umidade? Onde você sente mais a sua respiração: nas narinas, na garganta, no pulmão, no abdômen? Concentre-se nesse ato maravilhoso de respirar, sentindo-o em toda a sua intensidade. Quando perceber que a sua mente desviou a atenção para qualquer outra coisa, quando de repente outro pensamento surgir, apenas o deixe passar, gentilmente voltando a sua atenção para a inspiração e a expiração, com a mesma curiosidade anterior.

Pelo próximo minuto, queremos convidar você a parar de ler e apenas fazer esse exercício: sem julgamento, com discernimento, curiosidade e gentileza...

Pronto, você acaba de experimentar um momento de mindfulness. A palavra, de origem inglesa, significa "atenção plena" em português, mas é um daqueles termos que acabamos por adotar no idioma original. Desconhecida do público em geral até há bem pouco tempo, essa forma de meditação vem rapidamente se tornando uma das mais praticadas no Ocidente, com aplicações importantes nas áreas de saúde, educação, trabalho e inovação. E por boas razões.

Mindfulness é a consciência que surge ao prestarmos atenção ao momento presente, de maneira intencional e sem julgamento. Essa é a definição mais comum da prática nos meios acadêmicos, cunhada pelo professor emérito de medicina Jon Kabat-Zinn, da Universidade de Massachusetts, nos Estados Unidos, pioneiro na introdução do mindfulness em ambientes seculares, aqueles sem relação com qualquer tradição contemplativa (como as universidades e os hospitais laicos).

MINDFULNESS E PRESENÇA

Nas nossas aulas, oferecemos uma definição mais detalhada: *mindfulness é a consciência que surge a partir do cultivo da atenção ao momento presente, de maneira intencional, sem julgamento, com discernimento, curiosidade e compaixão.*

Essa forma específica de prestar atenção tem consequências maravilhosas: traz benefícios físicos e psicológicos, cognitivos e de bem-estar, é capaz de modificar a própria estrutura do nosso cérebro e cria, no fim das contas, a melhor versão de nós mesmos. Como? Basicamente, o mindfulness nos torna íntimos de nós mesmos e nos devolve o nosso poder de escolha diante de qualquer situação, o que é possível a partir do momento em que estamos verdadeiramente conscientes.

> Como pais, tudo o que desejamos é uma maneira de ajudar os nossos filhos a crescerem mais fortes, saudáveis, felizes. Ao entender como a meditação — e especificamente o mindfulness — atua no cérebro, fica fácil ver por que tantas escolas ao redor do mundo estão adotando essa prática. Em casa, é possível desenvolver com as crianças atividades de mindfulness adequadas para cada idade. No capítulo de exercícios, aprofundaremos essa questão.

Essa consciência é o que dá uma qualidade toda diferenciada à nossa Presença — assim mesmo, com "p" maiúsculo, para nos lembrar de todo o seu poder. Porque se no dia a dia utilizamos o mindfulness como uma ferramenta, na realidade se trata de uma forma de ser e de estar no mundo. Trata-se, portanto, do que batizamos de nossa Presença Plena e do poder que ela tem, pois estamos de fato despertos, verdadeiramente presentes no aqui e no agora.

A Presença Plena torna possível vivermos de acordo com o que chamamos de nosso Eu Maior, que então pode substituir com folga o nosso Eu Menor.

O Eu Maior:

- é guiado pela curiosidade e pela compaixão;
- está ligado ao eco (o todo) e à noção de abundância;
- busca o ganha-ganha, a melhor resposta para todos os envolvidos em cada situação;
- não julga: cultiva o discernimento;
- tem uma mentalidade inclusiva e de crescimento integral;
- é senhor de si mesmo;
- é proativo: escolhe com sabedoria as suas respostas ao mundo exterior;
- vive em estado de consciência plena.

O Eu Menor:

- é guiado pela certeza e pelo medo;
- está ligado ao ego (o indivíduo) e à noção de escassez;
- busca o ganha-perde, maximizar os seus ganhos mesmo que isso signifique que os demais percam em dada situação;

- julga: cultiva o preconceito;

- tem uma mentalidade de exclusão e de crescimento parcial;

- é refém dos seus estados mentais e emocionais;

- é reativo: reage impulsivamente ao mundo exterior;

- vive em estado de consciência parcial.

O processo todo do mindfulness e dessa transformação do Eu Menor para o Eu Maior tem início na intenção: aquilo que você já possui se está lendo este livro. A intenção, porém, precisa ser combinada à disciplina para que se torne ação. Você se lembra daquele ditado que diz: de boas intenções o inferno está cheio?

O nosso convite nesta obra será para que, com alegria e leveza, com persistência e determinação, você inicie um novo hábito na sua vida: o de cultivar a atenção plena ao momento presente, que nos lança no caminho da consciência expandida.

Por que precisamos querer prestar atenção ao presente? Bem, acontece que, como veremos em detalhes mais à frente, a nossa mente precisa ser treinada para tanto, porque ela divaga quase metade do tempo. Isso mesmo: praticamente 50% do tempo a nossa cabeça não está onde estamos, e sim perdida em alguma lembrança ou projeção. E enquanto nos fixamos no passado ou no futuro, deixamos de cuidar do único momento no qual realmente podemos fazer alguma coisa: o agora. O passado já passou, o futuro que imaginamos pode nem chegar... a vida acontece no presente. Mais do que isso: a vida é o presente, em todos os sentidos!

ÍNTIMOS DE NÓS MESMOS

Conforme treinamos a mente para se concentrar no que está acontecendo aqui e agora — no que estamos pensando, o que estamos sentindo, quais as nossas sensações físicas —, começamos a nos tornar íntimos de nós mesmos. Esse autoestudo é feito a partir da momentânea suspensão do julgamento, um conceito que à primeira vista pode parecer estranho.

Sempre que apresentamos o mindfulness para uma nova plateia, surgem dúvidas sobre como é possível prestar atenção ao momento presente sem julgar — e até sobre se essa postura seria desejável ou mesmo saudável. Essa é uma questão importante, com implicações profundas para o indivíduo e a sociedade. Já imaginou se o seu filho fizesse alguma coisa errada e você não o corrigisse? É claro que não se trata disso.

Não julgar o momento presente significa suspender temporariamente o julgamento, para poder olhar de frente como estamos aqui e agora, sem nenhuma paixão atrelada, seja ela negativa ou positiva. É como fazer uma investigação científica. Ao adotarmos essa postura, o nosso discernimento é apurado: começamos a nos perceber com mais nitidez e a partir daí ganhamos clareza também a respeito de tudo e todos que nos rodeiam. Em outras palavras: a clareza da minha condição interna (no que estou pensando, quais sentimentos estão aflorados, que sensações físicas percebo) leva a uma maior clareza da situação externa (pessoas e situações) e melhora a nossa capacidade de responder a ela, entendendo também a relação entre o interno e o externo.

A suspensão momentânea do julgamento é fundamental para que possamos olhar de frente o que nos incomoda. Se de cara rotulamos algum sentimento nosso como negativo, a nossa tendência será negá-lo ou escondê-lo, o que só dará mais força para esse sentimento. Mas, ao olharmos para ele com curiosidade, compaixão e discernimento, aí sim podemos ter clareza da nossa situação e as suas implicações. E ganhamos o poder de escolher como responder mesmo às situações mais desafiadoras, de maneira mais inteligente.

Voltando ao exemplo do filho que fez algo errado — vamos imaginar que ele tenha mentido para você afirmando que fez o dever de casa quando na verdade não fez. Digamos que você pratique mindfulness e perceba que ao descobrir a mentira você sente irritação, uma ponta de decepção, uma agitação interna. Todas essas percepções são informações a serem investigadas com curiosidade e compaixão e sem o rótulo: "isso é bom" ou "isso é ruim". Isso é o que é neste momento. Mas, a partir desse discernimento, o mindfulness nos empodera com a possibilidade da escolha. Como responder a esse filho? Responder a partir da irritação e do desapontamento ou a partir da clareza de que essa é uma oportunidade para conversar sobre responsabilidades e consequências, com calma e carinho? Sempre dizemos aos nossos alunos: é perfeitamente o.k. não se sentir o.k. — a questão é não ficar preso nessa situação.

O mindfulness nos possibilita fazer exatamente isto: entender onde estamos, para então escolher aonde desejamos ir e, a partir daí, definir com inteligência como ir. Sempre que as nossas necessidades ou desejos não são atendidos, nos deparamos com pensamentos, sentimentos e sensações que talvez preferíssemos não ter, como decepção, tristeza, raiva, desgosto. Mas o que vamos aprendendo com esse exercício de olhar para dentro sem julgar é que a experiência humana é rica e vasta, e tudo — absolutamente tudo! — o que sentimos e pensamos tem o seu lugar nessa experiência. Então, cabe a nós decidir o que nutrir e o que modificar.

EU ME AMO, EU TE AMO

Começa aí a autocompaixão, um conceito que as pessoas costumam ter dificuldade para aplicar na prática. Em geral, somos críticos ferozes de nós mesmos. Pense um minuto em situações nas quais você se desapontou consigo mesmo e no diálogo interno que ocorreu então. Provavelmente você se chamou de burro, incompetente, incapaz, idiota — ou coisas similares, mesmo que usando outros adjetivos. E agora, com sinceridade, imagine se um amigo lhe dissesse algo parecido: provavelmente a amizade já teria acabado, não é mesmo?

A prática do mindfulness vai treinando a nossa autocompaixão. O momento presente é tudo o que temos e ele é como é. Essa consciência que surge a partir do treinamento na meditação mindfulness nos torna mais resilientes, mais capazes de enfrentar os problemas que inevitavelmente surgem ao longo da vida.

Winston Churchill, o primeiro-ministro britânico que liderou o Reino Unido durante a Segunda Guerra Mundial, falava algo que ilustra perfeitamente o que resiliência significa e qual a sua importância: "Se você está atravessando o inferno, continue andando". Qual a alternativa, afinal? Ficar para sempre no inferno? Não, obrigada.

Cada um de nós enfrenta infernos particulares, aqueles problemas que parecem tão avassaladores que não seremos capazes de lidar com eles. Nessa hora entra a resiliência: quando tiramos força de onde nem sabíamos que tínhamos para continuar andando. Se você para numa situação mal resolvida, fica preso ali. Então, se algo está nos fazendo mal, é preciso olhar de frente para a nossa condição e dar a ela o nome que tem — sem medo, sem vergonha —, pois então poderemos construir uma nova realidade.

Com o desenvolvimento da autocompaixão, ganhamos um amigo em nós mesmos — em vez de termos um inimigo de prontidão. E tão importante quanto isso é o fato de que a partir da autocompaixão desenvolvemos a compaixão pelos outros.

Quando entendemos de fato que todas as pessoas desejam o mesmo que nós — basicamente saúde, segurança e felicidade —, a compaixão começa a ser a lente através da qual enxergamos o mundo. As estratégias das pessoas para conquistar e manter saúde, segurança e felicidade variam muito, e algumas são francamente enganadas, para dizer o mínimo. Mas, na essência, somos iguais nesse compartilhamento da experiência humana.

A compaixão talvez seja o valor mais necessário para enfrentarmos hoje os desafios que temos — como indivíduos e sociedades. A possibilidade de cooperação está alicerçada nela, no reconhecimento da nossa experiência compartilhada, com bondade.

Em tempos de "pós-verdade", de *fake news* e outras mazelas, temos sido submetidos a muitas mentiras sobre nós mesmos. São crenças como "as pessoas são más", "não vale a pena ser bom", "ser bom é ser bobo", "só quem trapaceia se dá bem". Crenças baseadas na máxima: "para eu ganhar, você precisa perder". Nada disso é verdade. A história da evolução da nossa espécie é de colaboração, ganha-ganha e solidariedade. Vamos falar mais sobre isso no capítulo sobre Valores. Por ora, queremos apenas deixar registrado que a compaixão é um daqueles valores que nos definem como seres humanos e que nos levarão para o nosso próximo nível de consciência como espécie.

COMO UMA NUVEM NO CÉU

É interessante que todo o processo do mindfulness vai se desdobrando naturalmente, uma vez iniciado. O convite para prestarmos atenção ao momento presente sem julgar nos traz discernimento e nos liberta do peso das expectativas. O discernimento é fruto da intimidade que começamos a ter conosco mesmos. E ele nos torna maiores: se eu sou capaz de olhar para aquilo em mim que sente tristeza ou raiva, ou alegria ou esperança, se eu sou capaz de olhar para o meu pensamento, de analisar a minha sensação física, é porque não me limito a qualquer desses estados transitórios — que podemos comparar a nuvens no céu.

As nuvens vêm e vão, mas o céu está sempre lá. Se você já decolou num dia nublado, sabe que, quando o avião atravessa a camada de nuvens escuras, encontra o céu aberto e iluminado. É assim com a nossa consciência: quando conseguimos atravessar a neblina causada por pensamentos, sentimentos e sensações, encontramos a paz e a quietude que existem dentro de nós — e que podem sempre ser acessadas.

Ao acoplarmos nesse discernimento uma genuína curiosidade pela experiência humana — a sua força e vulnerabilidade, a sua beleza e brutalidade —, conquistamos uma nova perspectiva sobre nós mesmos e o que nos cerca. Daí brota uma nova perspectiva sobre as outras pessoas, brotam a empatia, a compaixão, a bondade. Mudamos o mundo a partir de uma mudança interior.

Essa maneira bastante específica de treinar a atenção ao momento presente pode ser novidade para a maioria das pessoas hoje, mas na verdade tem raízes milenares e pode ser encontrada em diversas tradições.

ERA UMA VEZ, MUITO TEMPO ATRÁS

Mais de 5 mil anos atrás, diferentes tradições contemplativas já ensinavam exercícios com o objetivo de cultivar a atenção ao momento presente com as características específicas do mindfulness: sem julgamento, com discernimento, curiosidade e compaixão. A essas primeiras tradições, outras se somaram ao longo do tempo. Algumas delas são religiosas, como o budismo, o hinduísmo e o cristianismo. Outras são filosóficas, como a ioga e a cabala.

Por milênios, esse conhecimento ficou restrito aos iniciados nessas tradições e, até quase o fim do século passado, marginalizado da ciência e da academia. Qualquer forma de meditação era confundida com religião ou crença. E é fácil entender por quê. Como tão bem disse o escritor britânico de ficção científica Arthur C. Clarke, "qualquer tecnologia suficientemente avançada é indistinguível da magia".

Se ainda hoje, com todos os nossos avanços na neurociência e na tecnologia médica, ainda sabemos muito pouco sobre o cérebro e o continuum mente-corpo, imagine antes de termos todo esse conhecimento disponível!

As chamadas "leis de Clarke" são três, das quais a citação acima é a terceira. As outras duas são: 1. Quando um cientista famoso mais velho afirma que alguma coisa é possível, ele muito provavelmente está certo. Quando ele afirma que alguma coisa é impossível, ele muito provavelmente está errado. 2. A única forma de descobrir os limites do possível é se aventurar um pouco além deles, penetrando no impossível.

Graças à ciência, hoje podemos ensinar mindfulness e outras formas de meditação em escolas, universidades, hospitais, empresas... Contudo, há mais no treinamento meditativo do que aquilo que a ciência nos permite afirmar hoje. E mesmo os cientistas que são praticantes de meditação reconhecem esse fato e lembram que na origem de qualquer prática meditativa há o objetivo de se cultivar uma mente imperturbável, como forma de nos tornarmos pessoas melhores — a ideia da evolução ou da iluminação. O nome Buda, por exemplo, significa "iluminado", que pode ser entendido como aquele que conseguiu transcender as ilusões para chegar ao cerne da consciência pura. Ou, na metáfora das nuvens, conseguiu atravessá-las e chegar ao céu permanentemente aberto.

Ao olharmos para o budismo, a raiz do mindfulness está na meditação de insight, da tradição teravada (que significa "a doutrina dos mais velhos", sendo os mais velhos os mais experientes monges budistas). Os maiores nomes acadêmicos hoje envolvidos nos estudos científicos do mindfulness têm experiências pessoais de aprendizado meditativo segundo a tradição budista, que por isso acaba sendo a mais citada.

Já a maior parte da nossa experiência com a meditação vem de outra tradição, a ioga.

O CAMINHO DA UNIÃO

Hoje é comum as pessoas pensarem em ioga como uma forma de exercício físico. Mas, na verdade, é uma filosofia de vida e na sua base está um código de ética que nos ensina a viver, com características a cultivar e a evitar. Na Antiguidade, quando alguém se aproximava de um mestre iogue para aprender, passava anos cuidando da formação do seu caráter antes de poder fazer quaisquer posturas físicas — que nada mais são, em essência, do que meditação, ora no movimento, ora na imobilidade.

O nome ioga significa "união" e o objetivo maior da prática é a expansão da consciência, a autorrealização, que acontece quando conseguimos nos unir com o todo do universo. A palavra *ássana*, que designa as posturas físicas da ioga, em sânscrito (*āsana*) quer dizer simplesmente assento. E o ássana maior é a famosa postura de lótus, indicada para a meditação: coluna ereta, peito aberto e os pés pressionando as coxas para reter a energia na parte superior do corpo.

O processo da ioga foi codificado pela primeira vez no livro *Yoga sutras*, do sábio Patañjali, que viveu no terceiro século antes de Cristo, na Índia. Ele descreveu a essência do treinamento iogue como uma ciência composta por oito partes em que cada uma é consequência e aprofundamento da anterior.

A primeira e segunda partes são os chamados *yamas* e *niyamas*, que vêm a ser exatamente a formação do caráter de que falamos anteriormente. A terceira parte são os ássanas. A quarta são os *pranayamas*, exercícios respiratórios com várias finalidades, como energizar, acalmar, equilibrar. Esses quatro passos formam a "ioga exterior", quando estamos voltados para o mundo de formas e matéria. A ioga exterior trabalha a nossa saúde e constrói um corpo e uma mente fortes para conseguirmos mergulhar nos próximos passos, que formam a "ioga interior".

O quinto passo é chamado *pratyahara*, ou abstração dos sentidos, quando voltamos a nossa atenção para dentro, minimizando os estímulos externos que tanto nos distraem. Esse é o primeiro momento do treino para estarmos presentes no aqui e no agora, tornando-nos conscientes de nós mesmos. Aqui tem início a prática da atenção plena, que nos põe em contato direto com os nossos pensamentos, emoções e sensações físicas. Sem essa abstração dos sentidos estaremos sempre distraídos pelo barulho quase ensurdecedor do mundo lá fora.

A sexta parte do processo da ioga é chamada *dharana*, concentração. Escolhemos concentrar a mente em algo específico, que pode ser, por exemplo, uma vela, uma mandala (imagem), um mantra (som) ou, simplesmente, a nossa respiração. Seja qual for o objeto de concentração escolhido, voltamos toda a nossa atenção para ele, sem julgar, mas cultivando discernimento, curiosidade e compaixão. Em outras palavras, praticando mindfulness.

A sétima parte é *dhyana*, quando a prática meditativa avança a ponto de a mente começar a deslizar nos espaços vazios entre os pensamentos, entrando no campo da pura potencialidade, das infinitas possibilidades. Por fim, a oitava parte é *samadhi*, o estado de hiperconsciência. Em sânscrito, diz-se que então adentramos o estado de *sat-chit-ananda*, a consciência que nos leva à bem-aventurança, desenvolvendo a nossa melhor versão, quando nos tornamos cocriadores de um mundo mais feliz, solidário e justo para todos.

A ioga trabalha com conceitos que ainda podem soar como pura magia para a ciência, como o prana, energia vital do universo. Não importa. Em essência, ela nos ensina a meditar — incluída aí a meditação do tipo mindfulness.

E aqui está uma das razões por que gostamos tanto da atual revolução que a entrada do mindfulness nas universidades possibilitou:

o ensino da meditação está se popularizando nos países ocidentais como nunca antes. Você não precisa ser praticante de ioga, como nós somos, ou de budismo, ou de coisa nenhuma para incorporar o mindfulness na sua vida. Essa verdadeira tecnologia de desenvolvimento da consciência está acessível para você imediatamente, e com comprovação científica.

Então, aproveite!

EU MEDITO, TU MEDITAS...

O mindfulness é também sobre todos nós. Porque todo mundo pode aprender a meditar. Não há uma idade certa, não é preciso nada especial. Quando, nos anos 1980, Márcia fez a sua formação em meditação com uma das maiores autoridades do mundo no assunto, o médico indiano radicado nos Estados Unidos Deepak Chopra, ele recomendava que as crianças fossem introduzidas ao tema a partir dos sete anos, por conta da formação do sistema nervoso. De lá para cá, muito material foi adaptado, de forma bastante lúdica, para ser trabalhado com crianças já na pré-escola. Assim, quando Lúcia participou do Preschool Mindfulness Summit 2018, organizado pela americana MindBe, mais de 25 profissionais de mindfulness falaram sobre como introduzir a prática para crianças a partir de três anos de idade. Um desses especialistas foi o psiquiatra Daniel J. Siegel, formado em Harvard e professor da Ucla, onde fundou o Mindful Awareness Research Center. "A pré-escola é o lugar certo para iniciar a prática de mindfulness", afirmou o autor de O cérebro da criança.[1]

Na nossa experiência, o que ajuda demais é o exemplo dos pais. Nas famílias em que os pais meditam, é sempre mais fácil trabalhar mindfulness com as crianças, que aprendem sobretudo pelo exemplo: ou seja, aprendem a partir da Presença Plena dos pais. Mas, se você tiver cem anos, nenhum contato anterior com mindfulness e quiser começar a praticar agora, também é possível — e maravilhoso!

No entanto, é muito comum as pessoas acharem que meditação, seja de que tipo for, não é para elas porque "não conseguem parar de pensar" ou são "muito agitadas" ou "não têm tempo" ou ainda porque "não têm esse dom" ou "não têm fé nisso"...

Então, vamos logo esclarecer alguns pontos fundamentais: a capacidade de meditar não é dom nem talento, não depende de crença nem fé. Todo mundo pode aprender a meditar, não importa quão agitado seja, quão ansioso, quão qualquer coisa... A meditação é um treinamento mental, e todos podemos aprender. Algumas pessoas se darão melhor com certos tipos de meditação, outras preferirão tipos diferentes. Assim como você pode gostar de nadar e um amigo seu preferir jogar tênis — mas ambos são esportes.

O mindfulness costuma ser uma introdução muito gentil à arte da meditação por algumas características específicas. A instrução para prestar atenção ao momento presente costuma ser mais facilmente entendida pelos iniciantes na prática. "Então não tenho que parar de pensar?", nos perguntam. A nossa resposta: a mente pensa, é o que ela faz! A questão toda é sermos capazes de treinar o foco. Durante a meditação, não é ruim pensar — e tentar suprimir os pensamentos só vai, na verdade, torná-los mais fortes. O ponto central na meditação é termos a consciência: 1. de que estamos pensando; 2. sobre o que estamos pensando; 3. da relação que estabelecemos com esses pensamentos, incluindo a carga emocional que eles carregam; e 4. termos a consciência de não embarcarmos no pensamento/sentimento, apenas reconhecê-los e deixá-los passar, concentrando-nos de novo no nosso objeto escolhido de atenção.

Durante a prática do mindfulness, os pensamentos surgirão na sua mente — isso é um fato. No início, em geral nem percebemos o momento em que eles surgem. É muito fácil pular no trem do pensamento e só perceber que desviamos o foco original da atenção sabe-se lá quanto tempo depois de estarmos completamente enredados na historinha construída pela nossa mente... Mas, com a prática, a gente começa a perceber mais cedo que se desviou do caminho, e com mais facilidade retomamos o foco. Isso é meditar: simples, mas não fácil, nós bem sabemos!

Já a questão da falta de tempo, bem, essa é universal: na verdade, ninguém tem tempo para meditar. Isso mesmo: ninguém. Por um motivo muito simples: todo tempo que temos é ocupado com alguma coisa! E como a meditação se torna um novo elemento na rotina, ou você cria o tempo para ela ou a sua prática não irá adiante. Criar tempo significa priorizar: e isso depende só de você. No capítulo sobre a sua prática, damos um passo a passo para ajudá-lo a priorizar a meditação, com base no que nos ensina hoje a ciência do hábito. Seguindo os passos que sugerimos, será mais fácil desenvolver uma rotina de mindfulness para você mesmo e com a sua família.

Em termos individuais, essa priorização é fundamental. E, em termos de sociedade, ela é urgente. Temos uma grande preocupação com os caminhos que estamos trilhando atualmente nos nossos arranjos humanos. Há mais e mais pessoas em sofrimento desnecessário, por falta de conhecimento e prática das ferramentas de mindfulness. Quando estudamos os grandes desafios do nosso tempo, o mindfulness apenas cresce em valor.

2. É sobre o nosso mundo

Qual deveria ser a frase na porta de entrada das escolas no século XXI?
Aqui não se permite o ingresso de ninguém que não compreenda que as
questões lá fora são um reflexo das questões aqui dentro.
Otto Scharmer, professor sênior da Sloane School of Business
(Escola de Negócios do MIT)

Quando os trens chegam às estações de metrô londrinas, antes que as portas se abram, o sistema de som emite o seguinte alerta: "*Mind the gap*", um pedido para que as pessoas prestem atenção no vão entre o trem e a plataforma, para evitar acidentes. Na primeira vez que Lúcia se deparou com a meditação do tipo mindfulness, essa frase que ela ouvia diariamente durante os anos vividos na Inglaterra lhe veio à cabeça. Porque o mindfulness é um estado de consciência que cria um vão entre os estímulos que recebemos do mundo e a nossa resposta. Sem esse intervalo, reagimos instintivamente, o que causa muitos acidentes... Com o vão, retomamos o controle sobre nós mesmos e ganhamos a capacidade de escolher como queremos responder a cada pessoa ou situação.

O estímulo que provoca uma reação é o estado de consciência em que opera o Eu Menor. Já o Eu Maior é capaz de absorver o estímulo, refletir sobre ele, e então escolher a melhor resposta possível, levando em conta todos os envolvidos:

Eu Menor: estímulo — reação
Eu Maior: estímulo — mindfulness (vão) — resposta

Para entender esse processo, é preciso dar um passo atrás e compreender o nosso contexto externo e interno. O externo tem a ver com as características e desafios das sociedades atuais. O interno tem a ver com o funcionamento do nosso cérebro, desde o nascimento até a morte.

TEMPOS PÓS-NORMAIS

Como veremos no próximo capítulo, o nosso cérebro funciona com um foco para o problema. E, sendo assim, a nossa sociedade hoje impõe desafios para qualquer cérebro se fartar!

Os estudiosos de tendências, chamados de futuristas, já definem o século xxi como "tempos pós-normais". A pós-normalidade significa que se aprofundaram ainda mais os desafios que já vínhamos enfrentando — e que em inglês são conhecidos pelo acrônimo vuca, emprestado do jargão militar para descrever as situações de guerra e adaptado para a teoria sobre gerenciamento de crise. vuca significa volátil (*volatile*), incerto (*uncertain*), complexo (*complex*) e ambíguo (*ambiguous*). Essas quatro características somadas causam bastante desconforto à mente adulta — e muito mais à de crianças e jovens, cujo cérebro ainda está em formação e em busca de segurança e de parâmetros estáveis e confiáveis. Diante desse mundo cada vez mais volátil, incerto, complexo e ambíguo, um mundo que está operando fora do que entendemos por "normalidade", a nossa reação costuma ser de medo: sentimo-nos ameaçados por algo que ainda não compreendemos direito e no qual não conseguimos intervir, algo para o que não temos a solução sozinhos.

Os desafios atuais que enfrentamos de fato são imensos: não sou eu nem a minha cidade nem o meu país sozinhos que resolveremos questões como o aquecimento global ou a crise dos refugiados. Como olhamos para os nossos filhos e explicamos isso a eles? Bem, esses são problemas que demandam respostas coletivas. O que significa, portanto, que sem o meu país, a minha cidade, sem mim — não há solução também. Sim, o indivíduo conta: você e a sua família contam!

Mas por onde começar quando os problemas são tantos e tão avassaladores? Otto Scharmer, professor sênior da Sloane School of Business (a Escola de Negócios do mit), especialista na transforma-

30

ção de sistemas complexos e criador da Teoria U, conseguiu resumir muito bem o que está na base dos nossos imensos desafios atuais como humanidade. Porque se na superfície vemos mudança climática, crise dos refugiados, movimentos nacionalistas, violência, epidemia de ansiedade e depressão, aumento dos suicídios... ufa!, na base de tudo Scharmer identifica três desconexões fundamentais: entre o indivíduo e a natureza; entre o indivíduo e o outro; e entre o indivíduo e ele mesmo.

Gostamos de falar dessas desconexões como os três grandes vazios que transbordam por todos os aspectos da nossa vida, expressando-se em quatro excessos. Estamos todos afogados em excesso de coisas, opções, informação e velocidade. Vamos olhar resumidamente o que tais desconexões e excessos significam.

DESCONECTADOS: INDIVÍDUO *vs.* NATUREZA

Consumimos hoje 50% mais recursos naturais do que a capacidade regenerativa do planeta. Essa é uma conta que não fecha — independentemente de ideologia ou opinião. A questão é matemática.

Em algum ponto na nossa evolução, perdemos a noção de que somos animais inseridos na natureza, parte de um todo. Essa perda nos faz muito mal em todos os sentidos. Segundo o ayurveda, a medicina tradicional indiana, o ser humano encontra saúde ao seguir os ritmos naturais. Por exemplo: num mundo ideal, deveríamos nos levantar com o nascer do sol, fazer a nossa principal refeição ao meio-dia, quando o sol está a pino, parar de comer qualquer coisa sólida quando o sol se põe e ir descansar quando escurece. Ou seja: bem diferente do que fazemos nas grandes cidades.

O ayurveda[1] é uma ciência irmã da ioga e o significado da palavra, em sânscrito, é ciência da vida ou ciência da longevidade. A partir da observação dos ritmos da natureza, ela indica como podemos viver melhor — por exemplo, adotando a meditação, esse momento precioso de recolhimento que funciona como verdadeira higiene para a mente e as emoções.

Como fomos nos distanciando tanto do mundo natural? A urbanização e a tecnologia estão na raiz dessa desconexão. E ela aparece de formas muito variadas. Num interessante estudo publicado em março de 2017, pesquisadores da London Business School (Inglaterra) e do Center for Healthy Minds da Universidade de Wisconsin (Estados Unidos) compararam um léxico de 186 palavras que remetem à natureza com palavras que identificam ambientes construídos pelo ser humano e contabilizaram a sua ocorrência em livros, músicas e filmes em inglês. Perceberam um declínio constante no uso das palavras que remetem à natureza,[2] indicando que de 1950 para cá houve uma mudança cultural que ampliou essa desconexão. A cultura, porém, não é apenas um reflexo do momento atual, ela também ajuda a moldar esse momento. Longe dos olhos, longe do coração. E assim seguimos aprofundando esse vazio, com consequências graves como o aquecimento global e a ameaça real de extinção da nossa espécie, por nossas ações e pela falta delas.

DESCONECTADOS: INDIVÍDUO *vs.* OUTRO

Um estudo da ONG Oxfam publicado no dia 22 de janeiro de 2018 mostra o aumento da desigualdade no mundo. O documento — intitulado *Reward Work, Not Wealth* — revela como a economia global funciona de maneira que a elite mais rica concentre cada vez mais renda, em detrimento dos mais pobres. Em 2017, 82% da riqueza global gerada foi parar nas mãos do 1% mais rico da população; nada foi para a metade mais pobre da humanidade — 3,7 bilhões de pessoas.

Como justificar a desigualdade? Há muitas maneiras, e aqui citaremos duas: o desenvolvimento de uma mentalidade de individualismo e de merecimento. Pela lógica do merecimento, eu tenho porque mereço, o outro não tem porque não merece. De modo conveniente, esquecemos de incluir nessa conta: a cor, o sexo, a nacionalidade, a renda e o nível de educação dos pais das pessoas, apenas para citar alguns fatores. Pela lógica do individualismo, eu cuido do que diz respeito a mim e dane-se o resto. Segundo esse raciocínio, os fins podem justificar os meios e outras noções polêmicas.

Em ambos os casos, merecimento e individualismo, nós nos afastamos dos outros — fica mais difícil ter compaixão e mesmo empatia. Mas todos sofrem e, no limite, sofre a raça humana, porque essas visões de mundo desconsideram um traço fundamental da nossa evolução: o que nos trouxe até aqui não foi a competição, e sim a nossa maravilhosa capacidade de cooperação. Nós somos a espécie mais colaborativa do planeta. Quando decidimos cooperar, somos capazes de criar coisas incríveis. E isso está tão profundamente entranhado no nosso cérebro que os nossos circuitos de recompensa são sempre ativados quando ajudamos alguém.

As maiores necessidades humanas são, por ordem de importância: alimento, abrigo e conexão social. Portanto, não é de estranhar que a solidão seja hoje a principal queixa das pessoas que procuram terapia nos Estados Unidos, país onde um crescente número de indivíduos já afirma não ter ninguém com quem discutir assuntos realmente importantes.

A crise dos refugiados, a xenofobia, os movimentos separatistas — muitas das sérias questões internacionais que acompanhamos hoje têm a sua base nessa desconexão entre o eu e o outro.

DESCONECTADOS: INDIVÍDUO *vs.* ELE MESMO

Hoje mais pessoas se suicidam do que são mortas em guerras, acidentes naturais e assassinatos somados. É algo incrível! O suicídio já é a segunda causa de morte de jovens no mundo. Na Inglaterra, 10% da população adulta experimenta sintomas de depressão — e, na próxima década, o custo da depressão será de 9,2 bilhões de libras por ano, apenas em riqueza que deixará de ser gerada, sem contar os gastos do sistema de saúde para tratar quem sofre.[3]

Desconectados da natureza e dos outros, passamos a nos sentir sós, profundamente sós. O avanço da tecnologia digital acrescenta outro ingrediente complicado nesse caldeirão fervente: "A nossa cultura está mudando de maneiras que nos convidam — na verdade, quase nos obrigam — a mais solidão", afirma o psiquiatra Steve Cole,[4] da Ucla, citando as relações digitais que não nos nutrem como as presenciais, por falta do contato pessoal.

Quando os amigos virtuais se somam aos reais não há problema, mas quando a vida virtual começa a substituir a real nós sofremos. Nunca estivemos tão conectados por um lado, nem tão sós por outro. E sabe como o nosso corpo interpreta o sentimento prolongado de solidão? Como dor física, como demonstrou a psicóloga Naomi Eisenberger, da Ucla. E essa dor contínua se torna, então, uma sentença de morte. Foi isso que mostrou um estudo impressionante liderado por Cole e John Cacioppo, do Center for Cognitive and Social Neuroscience, da Universidade de Chicago. Eles investigaram como a solidão afeta a expressão dos nossos genes. Basicamente: o sentimento prolongado de solidão afeta de maneira negativa as defesas imunológicas do organismo ao mesmo tempo que ativa genes ligados à inflamação — o motor por trás de doenças como câncer ou Alzheimer. Isso significa que o sentimento de solidão puxa o gatilho para que o corpo morra — pois a mente entende que não há mais condições de sobrevivência.

EXCESSOS SOBRE VAZIOS

Essas grandes desconexões geram vazios terríveis dentro de nós. E com que os preenchemos? Com excessos: de coisas, opções, informação e rapidez.

I. EXCESSO DE COISAS

Uma criança de classe média na Inglaterra tem hoje cerca de 240 brinquedos.[5] São 240 itens para ocupar espaço na casa e gerar ansiedade na hora de escolher com que brincar. Cadê o soldadinho vermelho? Ninguém acha o soldadinho vermelho! Procura-se por toda parte, o brinquedo não aparece. Temos aqui o azul, o preto, o amarelo, o verde também... Mas, claro, com o vermelho a brincadeira seria muito melhor. E se a gente achar o vermelho, então já é hora de brincar de outra coisa, porque dentre 240 opções é claro que sempre haverá algo melhor a fazer do que o que estamos de fato fazendo.

2. EXCESSO DE OPÇÕES

O mesmo se dá quando na prateleira da farmácia precisamos escolher um xampu dentre as dezenas de opções que disputam a nossa atenção. Nesses casos, é claro que o xampu que levamos não foi a melhor escolha — algum dos outros poderia ter deixado o nosso cabelo mais sedoso.

E para escolher entre os filmes da Netflix, então? Depois de uma hora indo de um lado para o outro dentre os milhares de filmes listados, há quem acabe dormindo no meio da exibição do filme que escolheu. Ou não tenha mais tempo de assistir a nada... Ter opções é importante. Ter opções demais é estressante. Já há alguns anos identificou-se uma síndrome para designar o que sentimos: FOMO — do inglês *"fear of missing out"* — é o medo de estarmos perdendo algo melhor.

3. EXCESSO DE INFORMAÇÃO

Mas medo mesmo é preciso sentir do excesso de informação. Estamos afogados em informação e absolutamente carentes de conhecimento. Porque uma informação por si só não tem valor. Ela precisa ser contextualizada para fazer sentido, ou seja, precisa transformar-se em conhecimento. Em 1988, o publicitário Washington Olivetto criou uma campanha de propaganda para a *Folha de S.Paulo* que ganhou o Leão de Ouro de Cannes e veio a se tornar um clássico, considerada uma das melhores peças publicitárias de todos os tempos. Essa campanha mostrava uma figura que aos poucos ia sendo construída na tela, por pontinhos, enquanto uma voz narrava as proezas de um homem: "Este homem pegou uma nação destruída, recuperou sua economia e devolveu o orgulho ao seu povo. Nos seus quatro primeiros anos de governo, o número de desempregados caiu de 6 milhões para 900 mil pessoas. Este homem fez o produto interno bruto crescer 102% e a renda per capita dobrar. Aumentou o lucro das empresas de 175 milhões para 5 bilhões de marcos e reduziu uma hiperinflação a no máximo 25% ao ano. Este homem adorava música e pintura e, quando jovem, imaginava seguir a carreira artística". Ao final, centenas de outros pontinhos se juntavam para formar a figura em preto e branco de... Adolf Hitler. E então a campanha terminava: "É possível contar um monte de mentiras dizendo só a verdade". Informação não quer dizer nada a não ser que você consiga transformá-la em conhecimento.

Só que cada vez menos a informação que nos chega foi conferida por algum método válido, como aquele a que o jornalismo historicamente se propunha: verificar a validade do que é dito, falar com várias fontes, passar por processos de confirmação e ter canais de responsabilização. Tudo isso leva tempo, custa dinheiro, e a disputa hoje no mundo do excesso de informação é por quem dá a notícia primeiro e pelo menor custo — mesmo que mais tarde se prove falsa. Cada vez mais consumimos propaganda travestida de conteúdo, variando de irresponsável a francamente mal-intencionada.

4. EXCESSO DE RAPIDEZ

Vivemos tempos de pressa. Você já reparou que a resposta comum para o casual "Tudo bem" que trocamos com os conhecidos passou a ser um "Correndo" que não precisa de maiores explicações, já que todos sabemos do que se trata? Sim, estamos correndo de um lado para o outro para dar conta de agendas que não cabem nas horas do dia que passamos acordados — mesmo que estejamos gradualmente diminuindo as nossas horas de sono. Esse é um fenômeno que vem se tornando mais e mais prevalente e que tem conexão direta com o que a sociedade valoriza em termos de tempo: valorizamos o tempo produtivo, no sentido estreito da produção voltada para o consumo; não valorizamos o tempo dos cuidados, dos afetos, do silêncio — que, no entanto, são fundamentais para a manutenção da vida e da saúde. A diminuição das nossas horas de sono é provavelmente o sintoma mais agudo da aceleração atual, com consequências graves para todos nós.

DORMIR PARA QUÊ?

Arianna Huffington foi cofundadora e editora-chefe do site de notícias Huffington Post e é considerada pelas revistas *Times* e *Forbes* uma das personalidades mais influentes do mundo. No seu livro *A terceira medida do sucesso*,[6] ela conta como só percebeu que havia algo de profundamente errado na sua vida em 2007, quando, aos 56 anos, se viu caída numa poça de sangue, com o maxilar quebrado, no seu escritório em casa. O seu colapso tinha sido fruto da mais pura exaustão, por falta de horas de sono. De lá para cá, ela deu uma guinada: vendeu o Post, fundou a Thrive Global, uma plataforma sobre bem-estar e produtividade, e se tornou uma das mais entusiasmadas defensoras do equilíbrio na vida, incluindo a meditação. Em 2017, lançou *A revolução do sono*.[7]

É um tema fundamental porque a nossa cultura despreza o tempo dedicado a dormir como se fosse tempo perdido. De novo aqui aparecem a nossa valorização apenas do tempo de produção para o consumo e o nosso distanciamento da natureza. A partir da invenção da luz elétrica, a nossa espécie se separou definitivamente das demais que regulam o seu tempo de descanso pelo pôr do sol. A tecnologia do 24 por 7, em que temos de estar conectados e à disposição do trabalho 24 horas por dia, sete dias por semana, só fez piorar essa desconexão. E uma mentira repetida continuamente vai deixando de ser questionada...

Só que a falta de sono é uma péssima notícia para quem quer ser feliz, tomar boas decisões, aprender e mesmo ser produtivo. Enquanto dormimos, o nosso cérebro faz uma espécie de faxina, livrando-se das toxinas acumuladas durante o dia e separando as memórias que precisam ser estocadas nos compartimentos de longo prazo. O drama é que quem está estressado não consegue dormir. A insônia é uma das consequências do estresse, e por causa dela Arianna acabou chegando à meditação como forma de equilibrar melhor a vida.

Mas meditar, assim como dormir, parece tempo gasto inutilmente para a maioria das pessoas... No primeiro semestre de 2017, a Rede de Mulheres Brasileiras Líderes pela Sustentabilidade, da qual Lúcia era conselheira à época, conduziu, com apoio da ONU Meio Ambiente, uma investigação sobre o uso sustentável do tempo. Apareceu claramente a nossa noção de falta de tempo para tudo que não seja diretamente convertido em valor monetário — porque, como sociedade, só consideramos "útil" esse tempo do trabalho remunerado.

Por isso sentimos culpa (a emoção de vibração mais negativa que existe, segundo os antigos sábios indianos) ao parar para descansar, ao sair mais cedo do trabalho para levar um filho ao médico ou... ao sentar para meditar. Tantas e tantas pessoas, ao terem o seu primeiro contato com a meditação, ficam agoniadas porque "não estão fazendo nada".

Este talvez seja o maior desafio que você vai encontrar ao se propor a treinar mindfulness: conseguir não fazer nada a não ser ficar imóvel prestando atenção num foco previamente escolhido. Outro desafio é abrir tempo na agenda atribulada para esse investimento que à primeira vista parece tão estranho ao nosso constante fazer, fazer, fazer.

Estamos passando para as crianças essa agonia desesperada de estar o tempo inteiro fazendo alguma coisa, correndo de um lado para o outro: nas últimas décadas, a agenda de meninos e meninas da classe média passou a ser tão cheia de atividades quanto a de um executivo. Para encaixar as muitas atividades extras, a nossa sociedade vem reduzindo o tempo do brincar — a pior decisão possível. Brincar é, na verdade, a atividade mais importante de uma criança, pois através dela meninos e meninas dão sentido ao mundo, exercitam a criatividade e a tomada de decisões, aprendem a negociar e, tão importante quanto tudo isso, se divertem!

SAUDADES DO LAR

O resumo de toda essa história é que estamos adoecendo, e o ayurveda nos ensina que toda doença é saudade do lar. As três grandes desconexões nos afastam da nossa essência, que é o silêncio. Não temos tempo para silenciar, para olhar para nós mesmos, para notar o outro — aliás, a primeira vítima da pressa é a compaixão, por nós mesmos e pelos outros. Com pressa, passamos por cima das pessoas — o nosso campo de visão diminui, literal e figurativamente.

Com a prática de mindfulness iniciamos um caminho de volta ao lar, à essência. Por isso essa prática é tão poderosa e necessária. E todo mundo é capaz de aprender a treinar a sua atenção ao momento presente, suspendendo temporariamente o julgamento e fazendo uma investigação do aqui e agora com curiosidade, discernimento e compaixão.

Nós treinamos mindfulness como uma técnica que, ao longo do tempo, você conseguirá aperfeiçoar a ponto de incorporar na sua vida como um todo. Esse é o momento de transformação real, quando o poder da nossa presença se revela em toda a sua beleza e possibilidades infinitas, quando enfim incorporamos a nossa Presença Plena — por isso o nome da nossa metodologia. Ainda outro dia tivemos mais um exemplo de como essa transformação se dá.

O médico indiano radicado nos Estados Unidos Deepak Chopra, autor de mais de oitenta livros traduzidos no mundo inteiro, é um professor especial para nós. Márcia foi uma das primeiras brasileiras a estudar com ele e se tornou representante de muitos dos seus ensinamentos no país. Lúcia esteve nos seus seminários e o entrevistou pessoalmente algumas vezes. Ele escreveu a recomendação para o primeiro livro que publicamos juntas, em 2007. Meditar tendo a voz dele como guia é para nós, então, como estar em casa: uma experiência sempre acolhedora e gratificante.

Foi numa recente meditação guiada de Chopra, em parceria com a apresentadora Oprah Winfrey, que ouvimos essa história deliciosa. A jornalista lembra que se preparava para entrevistar o escritor e palestrante alemão Eckhart Tolle, um dos mais importantes autores de espiritualidade hoje, quando recebeu um telefonema que exigia a sua atenção urgente. O convidado foi então levado a uma sala da sua casa e ali deixado, até que ela pudesse se juntar a ele. O telefonema demorou e, quando pôde ir até Tolle, Oprah foi logo se desculpando, cheia de aflição e culpa: "Puxa, me perdoe por ter feito você ficar esperando!". Tolle, a tranquilidade em pessoa em contraste com o nervosismo dela, respondeu: "Eu não estava esperando. Eu estava aproveitando a quietude de uma bela sala".

Uau. Esse é um ótimo exemplo de como, na prática, o mindfulness nos permite estar em estado meditativo o tempo inteiro. E como, a partir desse equilíbrio interno, a nossa presença se torna poderosa e transformadora.

Qual é a reação comum de alguém famoso na sua área de atuação, com uma agenda complicadíssima, ao ter sido deixado esperando por um compromisso que estava previamente agendado? Indignação, braveza, raiva, irritação... São sempre as respostas que surgem quando fazemos essa pergunta às pessoas. Mas quem espera não está no presente — suspende o presente na ansiedade pelo futuro. Quem está no presente vive o aqui e o agora, aproveita o aqui e o agora, exatamente como ele se apresenta.

"O convite (do mindfulness) é para mergulhar no ser. Nós nos chamamos seres humanos, mas a maior parte do tempo agimos como fazedores humanos, o que pode nos causar graves problemas", explica Kabat-Zinn. Podemos treinar a resposta mindful para substituir a reação automática ao estresse. O treinamento é feito diariamente. No começo por poucos minutos, depois aumentando esse tempo gradualmente. Cada nova experiência reforça ou modifica a anterior, deixando marcas no seu cérebro. Assim começa a se formar o hábito, o nosso grande aliado quando desejamos meditar, como veremos ao estudar o cérebro.

LÁ FORA É AQUI DENTRO

Diante da urgência do nosso contexto como sociedade, apenas cresce a importância da prática individual da meditação. Não é um remédio que você possa comprar na farmácia — se fosse, aliás, teria causado a maior revolução no sistema de saúde, com atuação benéfica em áreas tão distintas da nossa vida e sem efeitos colaterais.

O que vários estudos mostram é que a meditação e o treinamento em mindfulness afetam profundamente todos os aspectos da nossa vida —

corpo, mente, saúde física, bem-estar emocional e espiritual. Quando você considera todos os benefícios da meditação, não é exagero chamá-la de um remédio milagroso,

escreveu Arianna Huffington no livro *A terceira medida do sucesso*.

Esse "remédio milagroso" que você mesmo cria com intenção, disciplina e tempo nos proporciona uma grande clareza sobre a relação entre o "lá fora" e o "aqui dentro". A crise ética em que estamos mergulhados é de cada um.

Na Grécia Antiga, havia uma frase na entrada da Escola de Atenas, o local onde se reuniam os maiores intelectuais da época. Essa frase dizia: "Que aqui não entre quem for ignorante em matemática e geometria". Otto Scharmer, sentado nos jardins do MIT, faz uma pergunta provocativa aos seus alunos no curso de introdução à Teoria U, que utiliza o mindfulness como início dos processos de transformação de sistemas complexos, como uma multinacional ou um ministério de governo. Ele pergunta: que frase deveríamos pôr na porta de entrada das escolas hoje?

Nós vamos mais longe e perguntamos a você: que frase deveria estar na porta de entrada de todas as nossas instituições, independentemente da sua finalidade? A verdade é que a resposta proposta por Scharmer para o pórtico das escolas do século XXI serve perfeitamente para todas as instituições humanas: "Aqui não se permite a entrada de ninguém que não compreenda que as questões lá fora são um reflexo das questões aqui dentro".

É com isso em mente que convidamos você a explorar... o seu cérebro.

3. É sobre o seu cérebro

Nós podemos intencionalmente moldar a direção das alterações causadas pela neuroplasticidade no nosso cérebro. Isso nos leva à conclusão inevitável de que qualidades como afetividade e bem-estar são mais bem entendidas como habilidades. Elas são habilidades que podem ser cultivadas.
Richard Davidson, Universidade de Wisconsin

O cérebro humano leva cerca de 25 anos para se desenvolver. Isso mesmo: temos licença para votar, dirigir e beber anos antes de o nosso "centro de controle" estar completamente formado e quando ainda estamos passando por grandes alterações de identidade e personalidade.

Contudo, ainda que as transformações pelas quais o cérebro passe durante a infância e a adolescência estejam terminadas quando completamos por volta de um quarto de século de vida, isso não quer dizer que a partir daí a nossa massa cinzenta não mude mais. Essa é uma descoberta recente e com implicações profundas — e maravilhosas — para tudo o que fazemos no nosso dia a dia.

NEUROPLASTICIDADE: A ESTRADA MAIS PERCORRIDA

Quando o físico Albert Einstein morreu, o exame do seu cérebro não revelou o segredo da sua genialidade. Mas demonstrou que a área correspondente aos dedos da sua mão esquerda era maior do que o normal — algo comum nas pessoas que são violinistas experientes, como era o caso do cientista alemão. O professor de neurociência David Eagleman, criador e apresentador do programa *The Brain* (O Cérebro), da rede de televisão britânica BBC, conta essa história quando fala sobre neuroplasticidade, provavelmente o mais importante conceito para entendermos como a meditação age no nosso cérebro.

De forma bem simplificada, neuroplasticidade significa que nos tornamos o que praticamos — e isso vale do momento em que nascemos até o nosso último suspiro. Como Einstein tocava regularmente o violino, a área do cérebro dedicada aos dedos da mão esquerda se desenvolveu mais, um exemplo da ação da neuroplasticidade.

Do ponto de vista neuronal, quem somos depende de onde estivemos: a nossa vida determina o nosso cérebro, que por sua vez determina a nossa vida. A neuroplasticidade é essa capacidade que o cérebro tem de se transformar continuamente, dependendo das experiências a que somos expostos. O que fazemos, com quem interagimos, como pensamos, como nos sentimos, como nos comportamos, as nossas expectativas e interpretações sobre o nosso ambiente — tudo molda o nosso cérebro, o tempo todo.

Imagine que cada pensamento, palavra ou ação nossa cria conexões entre os neurônios. Se esses pensamentos, palavras ou ações são repetidos, as conexões são fortalecidas — como uma trilha que, por ser constantemente usada, acaba por ser pavimentada e transformada em estrada. E quanto mais aquela estrada é utilizada, mais melhorias são feitas nela e mais automática é a escolha por utilizá-la.

Isso é uma notícia extraordinária, pois significa que ninguém é prisioneiro da loteria genética. Por exemplo, sabe a pessoa que nasceu vendo o copo meio vazio? Ela não é refém dessa forma de enxergar o mundo. As experiências às quais ela for exposta poderão reduzir ou aumentar o seu pessimismo ao longo da vida. A genética, então, é ponto de partida, mas a forma de a pessoa conduzir a sua vida é que determinará a linha de chegada.

O cérebro se adapta e se modifica em resposta à experiência, seja ela passiva ou intencional. Sabendo disso, cresce a nossa responsabilidade pela criação do cérebro que desejamos e, em consequência, da vida que queremos ter. Com o que você vai alimentar o seu cérebro? Com o que você vai ensinar os seus filhos a alimentarem o cérebro deles, desde pequenos? Faz sentido alimentá-lo com reclamações, pensamentos raivosos, sentimento de culpa ou medo? Ou é mais inteligente escolher o bem-estar, o otimismo, a esperança, a resiliência, a compaixão, o amor? "Podemos intencionalmente moldar a direção das mudanças causadas pela neuroplasticidade no nosso cérebro. Isso nos leva à conclusão inevitável de que qualidades como afetividade e bem-estar são mais bem entendidas como capacidades. Elas são capacidades que podemos cultivar", diz o psicólogo Richard Davidson, da Universidade de Wisconsin.

Davidson é um dos pesquisadores que nos últimos anos vêm demonstrando como a adoção de um treinamento regular em mindfulness altera o nosso cérebro. Pesquisas feitas ao longo dos últimos quase quarenta anos em algumas das melhores universidades do mundo comprovam que essas alterações se dão em três grandes áreas, trazendo benefícios importantes:

- cognitivos;

- de regulagem socioemocional;

- de bem-estar geral.

Para entender tudo isso, é preciso antes olhar como o cérebro funciona.

A MAIS PERFEITA CAIXA DE FERRAMENTAS

O nosso sistema nervoso atua de maneira integrada, como um todo. Mas, se você pensar no cérebro como uma caixa de ferramentas, podemos identificar as diferentes funções de cada região. O mindfulness nos ajuda a manter todas as ferramentas funcionando perfeitamente, para que possamos fazer o melhor uso daquilo que temos. Esse é um auxílio precioso para o córtex pré-frontal, a parte mais nova do nosso cérebro em termos evolutivos e a última a ficar pronta no nosso desenvolvimento individual.

De forma bastante simplificada, o nosso cérebro é composto das seguintes partes:

- Tronco cerebral: liga-se diretamente à espinha dorsal. É a parte mais antiga do cérebro em termos evolutivos.

- Sistema límbico: parte também antiga do cérebro em termos evolutivos, tem entre os seus órgãos o hipocampo, cuja função é o armazenamento da memória, e a amígdala, espécie de sistema de alarme que nos avisa sempre que estamos diante de um perigo. Quando a amígdala está superestimulada, caso do estresse crônico, passamos a viver em estado de ansiedade e medo.

- Córtex: responsável por mapear o nosso ambiente, a partir das informações recebidas através dos cinco sentidos.

- Córtex pré-frontal: responsável pela integração de todo o sistema; pela intenção de prestar atenção; pela regulagem emocional.

O NOSSO CÉREBRO, PARA CRIANÇAS

Há maneiras interessantes e divertidas de ensinar um pouco do funcionamento do cérebro para crianças, sempre de acordo com a idade.

Na pré-escola, uma das formas é explicar que o cérebro é como uma casa de dois andares: no andar de baixo, mora um jacaré assustado; no andar de cima, mora um menininho esperto. Quando tudo está bem, o menininho esperto controla o jacaré assustado, para que ele saiba que está tudo bem, fique feliz e se comporte. Mas, se acontece alguma coisa que faz o jacaré sentir muito medo ou muita raiva, ele começa a bater o rabo por todo lado! E, daí, o menininho esperto não consegue mais controlá-lo. Resultado: podem acontecer muitos estragos... Aqui, entramos com exemplos do dia a dia da criança: como quando o Joãozinho toma um brinquedo da mão do Marcelinho; o jacaré no cérebro do Marcelo fica muito bravo, começa a bater o rabo e, daí, o Marcelo bate, empurra ou pisa no pé do Joãozinho. O jacaré no cérebro do João fica com medo e também com raiva, e começa a bater o seu rabão, e é quando o João devolve o empurrão, começa a dar socos... O que fazer então para o menininho esperto retomar o controle? Respirar fundo, parar o corpinho, fechar os olhinhos... Quando praticamos mindfulness, o menininho fica mais forte, torna-se capaz de abraçar o jacaré e fazê-lo sentir-se bem mesmo quando surgem os sentimentos mais difíceis.

Para crianças do Fundamental I, mantemos a explicação dos andares no cérebro, mas apresentamos alguns personagens diferentes:

- Amy, o super-herói assustado (a amígdala): a sua função é procurar perigos para não deixar que nada de mal nos aconteça, mas volta e meia ele se engana e acha que estamos em perigo simplesmente porque alguém falou mais alto com a gente, e já quer sair no tapa. Quando Amy toca o alarme, Tex não consegue mais fazer o seu trabalho direito, perdemos a calma e a capacidade de fazer boas escolhas. Amy fica menor e menos assustado quando praticamos mindfulness.

- Tex, o Sábio (o córtex pré-frontal): ele nos ajuda a entender as coisas, a lidar com emoções, a fazer boas escolhas. Trabalha em conjunto com Hipo para nos ajudar a aprender. Precisa de calma para fazer o seu trabalho bem-feito. Como o mindfulness acalma Amy, ajuda Tex também. Tex fica mais ativo e maior quando praticamos mindfulness.

- Hipo, o Bibliotecário (o hipocampo): guarda as nossas memórias e recupera as que já estão arquivadas. Portanto, é fundamental para o aprendizado. Quando Amy está triste/com raiva/com medo, Hipo não consegue guardar direito memórias novas nem recuperar as que já estão guardadas. Fica mais ativo e maior quando praticamos mindfulness.

O CÉREBRO ADOLESCENTE

Alterações gigantescas ocorrem no cérebro durante a adolescência, em especial em áreas ligadas ao pensamento racional e ao controle dos impulsos. Para se ter uma ideia do tamanho do problema, basta mencionar o fato de que o córtex pré-frontal dorsolateral, fundamental para o controle dos impulsos, só fica pronto depois dos vinte anos de idade, sendo portanto uma das últimas regiões cerebrais a amadurecer.

David Eagleman[1] explica com muita clareza como, conforme a criança vai crescendo, as áreas do cérebro responsáveis pelo sentimento de gratificação por prazer vão respondendo mais intensamente às experiências. No adolescente, essa resposta é tão forte quanto no adulto. Porém, a atividade no córtex órbito-frontal permanece a mesma das crianças — e essa área está envolvida em capacidade de tomada de decisão e de simulação de consequências futuras. Ou seja: de um lado, o sistema de busca por prazer está maduro; de outro, o sistema de prever consequências permanece imaturo, tornando os adolescentes hipersensíveis e menos capazes de controlar as suas respostas emocionais. As mudanças que ocorrem no cérebro nesse período da vida tornam o adolescente mais propenso a tomar atitudes arriscadas e a ceder à pressão dos pares. Não se trata, portanto, de simplesmente o adolescente escolher uma atitude, mas de parte das suas atitudes serem produto de um período de mudança neuronal intensa.

O ESTRESSE NOSSO DE CADA DIA

Quando tudo está bem, o cérebro funciona de maneira perfeitamente integrada, com cada parte fazendo o seu melhor. Mas o que acontece quando recebemos estímulos que são estressantes?

Aqui é preciso abrir parênteses: o estresse pode ser negativo ou positivo. O conceito designa simplesmente que a realidade não saiu da forma como desejávamos ou imaginávamos. O estresse nos tira da zona de conforto, o que pode ser ótimo para estimular respostas novas, criatividade, inovação. O drama é quando o estresse se torna crônico — ou seja, não temos mais o período de recuperação do estresse. Isso porque, como veremos adiante, a reação automática do corpo ao estresse foi desenhada por milhares de anos de evolução para ser uma alteração de curto termo, o suficiente para nos tirar do perigo. Ao se tornar um estado constante, as suas consequências são terríveis para o corpo e a mente.

A resposta automática do estresse, no seu limite, nos impede de acessar o córtex pré-frontal, fazendo com que nos tornemos a nossa raiva, o nosso medo, a nossa tristeza — qualquer que seja o sentimento que estiver nos dominando naquele momento. Nós saímos do controle e passamos a ser dominados pela emoção. É muito importante entender isso pois estamos acostumados a pensar na nossa espécie, *Homo sapiens*, como racional, mas a verdade é que somos tão racionais quanto nos permite a emoção do momento.

As emoções intensas são extremamente poderosas. Tanto as negativas quanto as positivas podem nos tirar do equilíbrio. Não é só ao sentirmos intensa raiva ou tristeza que perdemos o controle sobre nós mesmos; também no auge da felicidade e da excitação perdemos o autocontrole, podendo não tomar as melhores decisões para nós mesmos e/ou outras pessoas envolvidas numa determinada situação. E todos sabemos o que isso pode significar: quem nunca se arrependeu do que disse ou fez num momento de forte emoção?

"Não sei como fui capaz"; "Não acredito que fiz/disse isso"; "Perdi o controle". Sempre que, passada a emoção, nos vemos pensando essas coisas é porque o elemento estressante foi mais forte do que a nossa capacidade de reação inteligente. Nós nos tornamos menores do que a emoção em questão.

A RESPOSTA AUTOMÁTICA DO ESTRESSE

O que acontece, então, no nosso organismo, quando nos estressamos por causa de um prazo no trabalho? O que acontece no organismo dos nossos filhos quando se estressam por causa de uma prova, de um problema com um amigo ou de um jogo importante para o time? Esses não são estados prioritariamente controlados pelos processos cognitivos.

A resposta automática ao estresse é chamada de luta ou fuga. Basicamente, se acharmos que somos mais fortes do que o que nos ameaça, lutamos; se julgarmos que somos mais fracos, fugimos. Em termos bem práticos: se a ameaça é como um gatinho, partimos para a briga; se é como um leão, saímos correndo. Tudo isso acontece no piloto automático. E se torna muito claro se você observar, por exemplo, as reações de uma criança. Se um menino de cinco anos entra em confronto com um coleguinha, os dois partem para a briga. Mas se o irmão mais velho de um dos pequenos vem tirar satisfações, o outro sai correndo e chorando. Percebe como se dá o processo de luta ou fuga?

Essas reações são ótimas respostas para ameaças físicas. O cérebro identifica e interpreta a ameaça e a partir daí ordena uma série de alterações no corpo para nos deixar fisicamente mais capazes de lutar ou fugir. Dentre as alterações, estão:

- descarga de cortisol, aumentando a pressão arterial e deprimindo o sistema imunológico;

- descarga de adrenalina para aumentar a nossa força física;

- lentidão na digestão, que pode até ser paralisada, assim como pode ocorrer com a produção de urina;

- insônia, uma vez que o cérebro se prepara para a ação;

- o fígado secreta glicose para alimentar a força muscular;

- oxigênio, nutrientes e sangue são direcionados prioritariamente para os músculos.

Todas essas alterações são produto da nossa evolução e, no curto prazo e diante de ameaças físicas, são respostas extraordinárias. A questão é: e quando o estresse se torna constante e o estímulo não é físico? Quando a ameaça é o desemprego e você não pode bater em alguém nem fugir da situação, o que acontece? Quando a ameaça é a professora com quem a sua filha está tendo problemas e não é possível lutar nem fugir?

Acontece que o corpo se prepara da mesma forma para a ação física — e ela não é levada a cabo. O estímulo não passa, nem a reação a ele. Desenvolvemos o chamado estresse crônico. E a reação de luta ou fuga, no longo prazo, cobra um preço alto do nosso bem-estar físico e emocional.

A insônia, problemas digestivos, doenças autoimunes, ansiedade, síndrome do pânico, depressão... Nós nos tornamos uma sociedade que vive à base de remédios.

PÍLULAS PARA TUDO

Uma vez, Lúcia participava de uma reunião na empresa de mídia em que trabalhava quando alguém mencionou que havia esquecido o seu remédio, um tranquilizante de tarja preta. Imediatamente outras pessoas ofereceram o medicamento para a esquecida. Numa sala onde dez pessoas estavam reunidas, quatro estavam medicadas com um poderoso tranquilizante. Foi um dos momentos que a levaram a perceber que era preciso tornar a meditação mais conhecida das pessoas em geral, mesmo daquelas que em teoria eram muito bem informadas.

Os medicamentos psiquiátricos conhecidos como tranquilizantes são popularmente prescritos para tratar sintomas como ansiedade e distúrbios do sono. Eles certamente têm seu lugar dentre os recursos de que a medicina dispõe para nos ajudar, e apenas o seu médico pode avaliar se você precisa de um remédio desse tipo num determinado período de sua vida. Só que é importante entendermos: tais medicamentos não tratam a causa dos distúrbios, que vêm a ser a forma como respondemos ao estresse na nossa vida. Além disso, esses remédios têm um efeito colateral pavoroso: numa série de estudos conduzidos no Canadá, o uso no longo prazo das benzodiazepinas (BZD), classe das drogas conhecidas como tranquilizantes, foi associado a taxas de mortalidade maiores do que drogas como cocaína e heroína.[2] Cerca de 80% das pessoas que usam benzodiazepínicos ficam dependentes em dois a três meses de uso, passando inclusive por crise de abstinência se o remédio for tirado de uma hora para outra.[3] O uso desse tipo de medicamento, portanto, é algo muito sério, que precisa de acompanhamento médico permanente.

E da nossa parte, o que podemos fazer para não ficarmos reféns de drogas assim nem da reação automática ao estresse? Para nossa felicidade, o comportamento de luta ou fuga não é a única resposta possível do ser humano diante dos desafios, mesmo os mais exigentes. Existe outra resposta possível — o mindfulness. A resposta mindful para as situações estressantes abre um espaço para fazermos escolhas inteligentes, num cérebro que esteja funcionando de maneira integrada.

ESTÍMULO MAIS INTERPRETAÇÃO

A ciência do mindfulness parte do fato de que toda experiência é composta de duas partes: o fato em si e a nossa interpretação dele. Para entender melhor, vamos utilizar o exemplo da dor crônica. A experiência pessoal de dor de um indivíduo é formada da seguinte maneira:

$$\text{dor (tangível)} + \text{reação mental (intangível)} = \text{experiência pessoal da dor}$$

A medicina alopática até hoje não oferece respostas eficazes aos pacientes de dor crônica, ou seja, não encontramos uma maneira de solucionar o estímulo tangível, que é a dor em si, tomando um remédio. Simplesmente não há nenhuma droga à venda nas farmácias capaz de proporcionar um alívio permanente a esses pacientes. A dor crônica não passa, o que debilita as pessoas em termos emocionais, podendo levar à depressão.

Quando em 1979 Kabat-Zinn criou o Mindfulness Based Stress Reduction (MBSR), foi exatamente para tratar pessoas com dor crônica. Os pacientes que passavam pelo protocolo eram comparados a outros em grupos de controle. Desde então, inúmeros estudos provam que o MBSR diminui o sofrimento dos pacientes — seja porque a dor realmente diminui, seja porque o bem-estar do indivíduo melhora a ponto de ele conseguir lidar de forma mais efetiva com a dor. De qualquer modo, o resultado da intervenção é positivo.

O mindfulness, então, atua nessa interconexão entre fato e interpretação. De maneira simplificada, a prática cria um espaço de consciência entre o estímulo estressor e a nossa reação. A partir da criação desse espaço, conseguimos substituir a reação automática, do Eu Menor, por uma resposta escolhida pelo Eu Maior:

SEM MINDFULNESS: Eu Menor

Estímulo — reação automática

COM MINDFULNESS: Eu Maior

Estímulo — mindfulness (escolha) — resposta

É por isso que brincamos com os nossos alunos dizendo que a prática de mindfulness é um superpoder. A partir do momento em que vamos incorporando a prática à nossa vida, tiramos o poder das situações sobre as quais não temos controle e recuperamos esse poder para nós, através do controle que temos sobre a resposta que daremos às situações estressantes. Em outras palavras, com o mindfulness a sua vida não mudará de repente — mas você poderá aos poucos mudar a forma como vive a sua vida.

É A FORÇA DO HÁBITO

Em sânscrito, a palavra *kharma* quer dizer simplesmente "ação". Segundo os grandes *rishis*, os antigos sábios indianos, cada vez que agimos, gravamos a memória dessa ação nas nossas células. Conforme repetimos a mesma ação, tornamos aquela memória mais forte, até o momento em que ela cria personalidade própria e então temos o desejo de repetir a ação. Esse é o ciclo cármico descrito nos Vedas, as antigas escrituras indianas.

Qualquer semelhança com o que hoje chamamos de neuroplasticidade não é, obviamente, coincidência. O ciclo cármico basicamente descreve o processo da neuroplasticidade com outras palavras.

Vamos pensar numa criança aprendendo a escovar os dentes. Os pais passam anos lembrando a criança da importância de escovar os dentes até que o hábito se forme e, quando nos tornamos adultos, nem passa pela nossa cabeça não escovar os dentes.

Nós somos seres de hábito. E por um bom motivo: assim como todos os organismos vivos, procuramos economizar energia para momentos de necessidade.

O cérebro tem apenas cerca de 2% do nosso peso, mas consome 20% de todas as calorias que ingerimos. Para economizar energia, ele busca automatizar processos, dessa forma nos poupando de ter que prestar atenção.

> Cérebros são caros em termos de energia. Vinte por cento das calorias que consumimos são usadas para fazer o cérebro funcionar. Então, cérebros tentam operar da forma mais eficiente possível em termos energéticos, e isso significa processar apenas a quantidade mínima de informação recebida por nossos sentidos necessária para funcionarmos bem no mundo,

escreve David Eagleman em *The Brain*.

Uma vez formado, o hábito se torna muito poderoso, a ponto mesmo de passar por cima dos nossos desejos e vontades. Por exemplo: sabe quando depois de um dia de trabalho você pega o carro para, excepcionalmente, ir a um restaurante em vez de voltar direto para casa, mas quando se dá conta está tomando o caminho de casa? Esse é o hábito na direção.

Nos últimos anos, avançou-se muito nos estudos sobre como formamos os hábitos. Basicamente o que se dá é um loop composto de três momentos: o gatilho, a rotina e a recompensa. Vamos considerar o hábito de escovar os dentes depois das refeições: o gatilho é o fim da refeição; a rotina é escovar os dentes; a recompensa é a sensação de frescor e limpeza na boca.

Assim, quando desejamos formar um hábito, é interessante termos em mente o que podemos fazer para auxiliar nesse processo.

4. É sobre os seus valores

Mantenha o rosto voltado para o sol — e as sombras cairão atrás de você.
Walt Whitman, poeta americano

Há uma crise de valores no mundo. E, sem valores essenciais, a vida em sociedade não é possível. Todos nós sabemos do que se trata: honestidade, retidão, amor, compaixão, resiliência, gratidão, perdão, respeito... São aqueles guias de conduta que formam o nosso caráter — e o caráter da nossa comunidade. São aqueles traços que ensinamos para os nossos filhos, que valorizamos nos amigos, que desejamos ver sendo aplicados na sociedade.

A desconexão com os valores traz sofrimento desnecessário para pessoas, famílias, empresas, países — alimentando violência, lutas equivocadas pelo poder, competitividade desenfreada, uma noção limitada de que, para que um ganhe, todos os demais devem perder.

Mas vamos nos lembrar: o estado do mundo lá fora não é nada mais que o espelho do nosso estado interior. Os nossos pensamentos, emoções, palavras e ações geram consequências, tanto no nível energético — de vibrações — como no nível prático.

Já vimos que tudo o que repetimos vai sendo gravado no cérebro, modificando-o. Eventualmente nos tornamos o que praticamos. Se estamos fortalecendo pensamentos, sentimentos e atitudes nefastas, veremos mais e mais disso no mundo também. Lembre-se de quando falamos a respeito do ciclo cármico, no capítulo sobre o funcionamento cerebral. Cada ação gera uma memória. Conforme repetimos a ação, essa memória vai se fortalecendo, devagar mas sempre, até que se torna tão poderosa que passa a ser um hábito — aquilo que repetimos de modo automático.

O que fazemos é também o maior ensinamento que deixamos para os nossos filhos. Ao praticarmos os valores na frente das crianças, fortalecemos nelas a criação de hábitos saudáveis, importantes para o desenvolvimento do que Lúcia chama de felicidade sustentável, aquela baseada no que a ciência da felicidade nos ensina. E o ensinamento é claro: dentre os ingredientes fundamentais para a construção da felicidade sustentável, estão viver com propósito e cultivar relacionamentos felizes com as pessoas — relacionamentos de apoio mútuo, respeito e compaixão.

FELICIDADE SUSTENTÁVEL

A felicidade sustentável é um entendimento bem diferente do ideal moderno de felicidade: algo lá fora, que é preciso achar e consumir; a liberdade para eu fazer o que quiser independentemente dos outros; um somatório de momentos de prazer individual... Uma visão totalmente distorcida de felicidade e que, na realidade, causa o oposto.

Parece brincadeira, mas alguns dos cursos de verão mais procurados no hemisfério norte hoje em dia são para ensinar a fazer amigos na vida real... porque os jovens estão com essa dificuldade!

A boa notícia é que vários estudos de tendências sobre o que a atual Quarta Revolução Industrial está trazendo para o mundo aposta no resgate dos valores. Os livros mais procurados na livraria da Universidade Harvard em 2017 pertencem a uma série que traz como temas felicidade, resiliência, empatia e mindfulness.

De fato, todos esses temas caminham juntos, pois se a nossa felicidade está diretamente ligada às nossas relações com os outros e ao sentido de propósito, ela está diretamente ligada à prática de mindfulness e dos valores.

O VALOR DOS VALORES

Os gregos antigos sabiam o valor dos valores. Mais de 2500 anos atrás, eles definiam a felicidade como "a boa vida", no sentido da observação de um comportamento ético. Assim, uma pessoa feliz era a que levava a sua vida baseada nos valores essenciais.

Portanto, mudar o teor dos nossos pensamentos, palavras e ações baseando-os numa conduta ética contribui não só para a criação de um mundo melhor, mas para a nossa própria felicidade.

Na tradição contemplativa da Índia, *dharma* (palavra em sânscrito) significa viver de forma correta, de acordo com os valores. Uma vida experimentada dessa maneira permite a realização do potencial maior de cada pessoa: saímos do cotidiano vivido a partir do Eu Menor para passarmos a fazer tudo com consciência, a partir do Eu Maior.

Márcia conta a seguinte lenda: milhares de anos atrás, houve um grande duelo na Índia — a chamada Batalha de Kurukshetra — travado entre os dois lados de uma mesma família. O lado mais pobre, dos Pandava (pronuncia-se "pândava"), vivera no exílio por doze anos e estava na miséria, sem qualquer armamento para uma guerra. O lado rico, dos Gaurava (pronuncia-se "gauráva"), possuía não apenas armas, mas um exército bem preparado. Esse episódio é descrito no livro *Bhagavad Gita* — parte do *Mahabharata* —, no qual a história da Índia é contada.

Arjuna (pronuncia-se "Árdjuna") era o líder dos Pandava e, diante da batalha iminente, entra em pânico, já prevendo a morte de toda a sua família e dos seus seguidores. É nesse momento de desespero total que ele pede a Krishna para que o ajude a tomar as decisões certas para o bem de todos. Krishna é um dos vários deuses do hinduísmo e o seu arquétipo representa a consciência suprema. Na lenda, então, Krishna ensina a Arjuna os valores essenciais da vida para a formação do caráter. E, enfrentando a batalha munidos desses valores, os Pandava vencem.

Essa metáfora nos ensina que para vencer a batalha da vida precisamos ter o caráter firme, sedimentado nos valores essenciais. Sem eles nos desviamos do caminho, perdemos energia, nos afastamos da nossa essência — e também do objetivo que todos precisamos ter, de autoconhecimento e de colocação dos nossos talentos a serviço do bem maior.

VALORES PARA TODOS

O trabalho de incorporar os valores à nossa vida vale para sempre, já que cada pensamento, palavra e ação contam. Assim como na prática da meditação, é importante ter intenção e disciplina, e dar tempo ao tempo.

É importante também se lembrar de olhar para a nossa experiência como nos ensina o mindfulness: sem julgamento, com compaixão, curiosidade e discernimento. Temos limites e amarras, erramos milhares de vezes e... tudo bem — desde que tenhamos a percepção de que queremos melhorar e levemos a sério o compromisso de pôr em prática esse aprimoramento.

A experiência humana inclui a dualidade: todos temos luz e sombra. Na Índia, a flor de lótus representa essa duplicidade: as suas raízes nascem no lodo, mas as suas pétalas desabrocham puras acima da água. Essas pétalas são impermeáveis, o lodo não consegue manchá-las. Para nós, humanos, os valores funcionam como essa capacidade de ser impermeável: conforme vivemos de acordo com eles, vamos nos fortalecendo e desabrochamos toda a nossa beleza, ou seja, conseguimos realizar o nosso potencial.

Como pais, não há nada mais importante do que criarmos para os nossos filhos as condições para que possam realizar todo o seu potencial e ser felizes. Portanto, ao incorporarmos e vivenciarmos esses valores, ao conversarmos sobre eles com os nossos filhos, ao reconhecermos esses valores em situações cotidianas, estamos cumprindo o nosso papel. As crianças e os jovens nos pedem afeto, atenção e limites — os valores são guias seguros para nos ajudar a exercer a parentalidade.

VALORES ESSENCIAIS

I. HUMILDADE

Numa cultura que glorifica o ego, falar de humildade soa até estranho para muitos. Por isso mesmo começamos por esse valor. Por humildade entenda-se a não exacerbação do ego por dois inimigos da mente e da felicidade: a vaidade e a pretensão.

Uma opinião exagerada e falsa sobre si mesmo, alimentada pela vaidade, é frágil. Ela faz com que estejamos sempre em busca de aprovação, elogios, comentários alheios que reforcem o nosso próprio engano. Inseguro e dependente do mundo lá fora, o ego constantemente se pergunta: o que será que pensam de mim? E, para se proteger, busca poder, controle e aprovação. Enquanto o mundo exterior lhe der sinais positivos (como likes nas redes sociais), tudo estará mais ou menos sob controle — mais ou menos porque essa dependência externa causa constante ansiedade. A coisa ainda piora muito quando os sinais de fora se tornam negativos — e eles sempre se tornam, em vários momentos e diferentes aspectos da nossa vida.

A melhor maneira de não exacerbar o ego pela vaidade é fazendo o que temos de fazer, da melhor maneira possível, para o bem de todos, sem esperar nada em troca — pois estamos cumprindo o que é o nosso dever. No momento em que agimos dessa maneira, a mente se aquieta: o fluxo de pensamentos diminui porque não há conjeturas a ser feitas; a intensidade das emoções se acalma porque você está em paz consigo mesmo. Assim, numa mesma tacada, eliminamos frustração e vaidade.

Já a não exacerbação do ego pela pretensão consiste em não dissimular nem fingir: não tomar para si feitos que não são seus, não mentir que você tem habilidades ou posses inexistentes. Isso parece tão óbvio, não é? Acontece que, no dia a dia, muitas pessoas se sentem diminuídas em relação a outras e pretendem ser o que não são. De novo, essa é uma demonstração de insegurança do ego. Nós podemos ser mais fortes e saber que, não importa o que aconteça, devemos aceitar o que somos, como somos — tentando sim ser melhores a cada dia, mas ao mesmo tempo estando em paz com a nossa verdade atual.

Pense numa situação de trabalho: a exacerbação do ego pela pretensão se dá quando, por exemplo, um chefe não dá crédito a quem de fato mereceria e colhe para si os louros de uma conquista. Pense numa situação social: quem já não viu alguém tentando parecer o que não é?

Precisamos ensinar às crianças desde cedo que elas são dignas de amor exatamente como são, e que na sua jornada sempre poderão melhorar ainda mais, pois ninguém é perfeito. Ao praticar mindfulness, meninos e meninas começam a entender as suas experiências internas, compreender que dentro deles mesmos existe um campo de potencialidade pura, e que aí sim reside o verdadeiro poder. Qualquer poder de fora é ilusório e efêmero. Quando ensinamos as crianças a se ancorarem na sua essência, fica muito mais difícil que elas sofram pela exacerbação do ego. Vaidade e pretensão não farão parte do que elas cultivarão, pois serão seguras de si mesmas.

2. PAZ/NÃO VIOLÊNCIA

Em sânscrito, a não violência é chamada de *ahimsa* (pronuncia-se "arrinsa"). Esse conceito se refere a todos os tipos de violência, não apenas a física nem somente aquela cometida contra outra pessoa. Podemos ser violentos em pensamentos e palavras, além de ações, e também contra nós mesmos ou contra a natureza.

Toda fofoca, por exemplo, é uma violência — contra os outros e contra nós mesmos, já que os antigos mestres iogues explicavam que, quando falamos mal de alguém, perdemos energia. Várias tradições espirituais contam versões próprias de um ensinamento comum, o de que antes de dizermos qualquer coisa precisaríamos passar as nossas intenções por três peneiras, perguntando se o que vou dizer é: 1. verdadeiro; 2. necessário; e 3. bom. O que não passar pelas peneiras não deveria ser dito. Do lado da ciência, está comprovado que ter bons pensamentos em relação aos outros aumenta a nossa felicidade e bem-estar, minimizando a depressão, o medo e as tristezas em geral.

Outras formas de violência contra nós mesmos são a baixa autoestima, a culpa, a cobrança, o perfeccionismo, a incapacidade de dizer não aos outros, de impor limites... E toda violência aumenta o barulho na nossa mente, distanciando-nos do momento presente e da possibilidade de acessarmos o nosso silêncio, aquele vão entre os pensamentos de onde brota e onde se fortalece a nossa Presença Plena.

Desde cedo podemos ensinar as crianças sobre a não violência e todas as suas manifestações. Ensiná-las a se valorizarem e se respeitarem, a valorizarem e respeitarem os pais, os professores, os amigos, as pessoas que não conhecem, os animais, as plantas... Um dos exercícios que mostramos mais à frente, a Meditação da Bondade Amorosa, pode ser tranquilamente praticado a partir dos seis anos de idade e é poderoso no ensino e na prática da bondade, do amor, da não violência.

3. TOLERÂNCIA E PACIÊNCIA

Todos fazemos o nosso melhor em cada momento — às vezes, o nosso melhor é sofrível, para se dizer o mínimo. Mas esta é a condição humana: cada um de nós age a partir do seu nível de consciência. O bom é que somos seres em processo permanente de aprendizagem. Assim, se percebemos que é possível melhorar a nossa maneira de ser, pensar, agir, que maravilha! Porque podemos nos dedicar a conquistar essa melhoria. E nessa jornada a paciência e a tolerância são fundamentais: para com a gente mesmo e para com os outros, sobretudo para com as crianças e os adolescentes.

A paciência é uma forma de sabedoria — ela demonstra o nosso entendimento de que tudo tem o seu tempo e indica que somos capazes de respeitar esse tempo necessário. Ao tratarmos com os nossos filhos, é importante sempre ter em mente que o cérebro deles ainda está em desenvolvimento, e que tantas coisas que nos parecem óbvias, para eles não são. É ainda mais necessário nos lembrarmos disso quando eles se tornam adolescentes — pois por fora podem parecer adultos, mas os seus cérebros estão passando por uma das fases mais complicadas, com a formação de milhares de novas conexões que acarretam intensas descargas hormonais. Lembra-se de como já vimos que o nosso centro de controle só estará pronto por volta dos 25 anos de idade?!

Ao praticar mindfulness, também exercitamos a paciência, com o nosso corpo e a mente. E vamos aprendendo a não querer pular certas experiências para correr a outras, a não desejar na segunda-feira que o fim de semana chegue... Cada momento tem o seu valor e a nossa vida é exatamente essa sequência de momentos. Sempre que tentamos apressar algo é um pouco de vida que perdemos, que fica para trás.

Para termos tolerância e paciência, é muito útil exercitar a empatia, a nossa capacidade de nos colocarmos no lugar do outro, de sentir o que o outro está sentindo diante de dada situação.

4. EMPATIA

A nossa capacidade de nos colocarmos no lugar do outro, de sentir o que o outro está sentindo diante de determinada situação, nos faz humanos. As pessoas agem a partir de condicionamentos do passado e das premissas de comportamento que receberam das suas famílias, das escolas e da sociedade à qual pertencem. Por isso, a empatia deve ser treinada, para que a gente de fato consiga sair do nosso ponto de referência e tente imaginar o do outro. E a empatia é só o começo dessa história que idealmente evolui para a compaixão, aquele impulso para agirmos a fim de tornar a vida do outro mais leve. Já imaginou que delícia viver num mundo em que todos nós tivéssemos isso em mente, sempre?

O alquimista suíço Paracelso (1493-1541), considerado o pai da toxicologia, é autor de uma frase famosa segundo a qual tudo pode ser um veneno — sendo que a diferença entre o remédio e o veneno é a dosagem. O mesmo pode ser dito da tolerância e da paciência: são virtudes quando bem dosadas. Se mal dosadas, podem nos fazer mal, seja por falta ou excesso. Tudo depende dos seus objetivos também. Se você deseja plantar um pé de alface, em questão de semanas você poderá colhê-lo. Já um eucalipto leva anos para se formar. Cada coisa tem o seu tempo de maturação — e ver esse tempo como nosso aliado e não inimigo faz toda a diferença.

5. RETIDÃO

O termo latino para retidão é *rectus*, que significa uma linha reta. Como virtude, a retidão é uma linha reta entre pensamento, palavra e ação. Por exemplo: se você considera que ficar com os seus filhos é mais importante do que se distrair ao celular, você exercerá a retidão ao efetivamente priorizar o contato com as crianças em lugar de ficar com os olhos grudados no aparelho. Em inglês, um ditado resume bem essa ideia: "*Walk your talk*", algo como "faça na prática o que você prega".

A retidão começa com uma maior consciência dos nossos pensamentos, desejos, de toda a nossa experiência interna. É a partir da percepção dessa experiência que então podemos adequar as nossas palavras e ações. Por isso, ter retidão também significa sempre refletir antes de falar alguma coisa ou agir de determinada maneira.

O exercício da retidão exige vigilância constante. Muitas vezes as pessoas cometem deslizes sem nem se dar conta disso. Por exemplo: ao ser diretamente questionada sobre corrupção, a vasta maioria das pessoas se diz contra essa prática tão danosa para indivíduos e sociedades. Mas uma parte dessas mesmas pessoas é capaz de furar uma fila, passar num farol vermelho, dar uma gorjeta ao garçom para conseguir uma mesa primeiro no restaurante...

Quando agimos baseados na ética, com retidão, a nossa mente se acalma e fica muito mais fácil cultivar o Eu Maior. Fica também mais fácil educar os nossos filhos, se o exemplo que damos reflete os valores que pregamos.

Uma ideia boa ao conversar sobre retidão com as crianças é comparar os seres humanos a elos numa corrente. Se um elo se quebra, a corrente inteira se enfraquece.

Agir corretamente é a base da formação do nosso caráter. E apenas crianças com caráter bem formado poderão construir um mundo mais justo, solidário e feliz. Nesse momento em que precisamos tanto que as pessoas abandonem a visão limitada do ego para abraçarem a visão inclusiva do eco (a nossa casa compartilhada), a retidão é fundamental para impulsionar essa mudança.

6. VALORIZAR OS MESTRES

Quem são os seus exemplos, as pessoas com quem você aprende? Lembre-se de que todos estamos aprendendo constantemente, de maneira passiva ou ativa. Quanto mais pudermos aprender daquilo que realmente vale a pena, melhor. Preste atenção ao que você escolhe seguir nas redes sociais, ler, ouvir, estudar — para que sejam oportunidades de crescimento, para que estimulem o seu melhor e não o seu pior. Respeite e valorize professores e todos os que se dedicam a auxiliar o aprendizado dos demais — um mentor, um amigo, um especialista.

Desde cedo é importante incutir nas crianças essa noção da valorização da experiência e do amor pelo aprendizado e pelas pessoas que participam desse processo conosco.

7. LIMPEZA

É tão interessante que Arjuna tenha ensinado que a limpeza é um valor importante. Nas nossas aulas, esse conceito sempre causa um estranhamento à primeira vista, já que o que todos tendem a pensar é sobre a limpeza física — como tomar banho todos os dias, lavar as roupas, limpar a casa e o escritório, recolher as necessidades que o seu cachorro faz na calçada. Mas há outra dimensão da limpeza que está incluída neste conceito: a mental, ou seja, a limpeza dos pensamentos e das emoções.

De novo estamos tratando de nos voltarmos para dentro, para o desenvolvimento da consciência da nossa experiência interna, segundo os princípios do mindfulness: sem julgamento, com discernimento, curiosidade e compaixão. Veja que o mindfulness é uma espécie de higiene básica — e acreditamos que em breve será tão impossível para boa parte das pessoas passar um dia inteiro sem meditar como é passar um dia inteiro sem tomar banho ou escovar os dentes. Já imaginou dizer que você não escova os dentes porque não tem tempo? Impensável, certo? Pois não meditar é não cuidar da limpeza da sua mente e das suas emoções — também deveria ser algo impensável... Quando não limpamos pensamentos e emoções, acumulamos uma sujeira que nos envenena.

Sentimentos como autocondenação, egoísmo, ciúme, ressentimento são tóxicos. Para promover a sua limpeza, é preciso primeiro identificá-los, admitir que os temos, e então assumir o compromisso de melhorar. Ao praticar o mindfulness, limpamos essa sujeira toda e vamos abrindo espaço para desenvolver o que os mestres iogues chamam de *sat-chit-ananda* — ou verdade, consciência e contentamento. Nesse estado, nos sentimos plenos. Nesse estado reside o nosso Eu Maior.

Você certamente ensina aos seus filhos, todos os dias, a importância da higiene física. O nosso convite agora é para que a higiene mental entre na rotina familiar. Que tal marcar um momento antes do jantar ou antes de dormir em que toda a família medita junta? Que tal lembrar, todos os dias, de praticar atos de bondade e gentileza, que limpam emoções pesadas e sentimentos negativos?

8. PERSISTÊNCIA E PERSEVERANÇA

Pense por um minuto e responda: se pudesse escolher, o que você preferiria: nascer um gênio, mas sem perseverança, ou nascer com um QI normal, mas com muita persistência? A verdade é que a persistência pode sobrepujar o talento e é um dos mais importantes fatores para uma vida bem-sucedida — e todos conhecemos exemplos assim. Quantas pessoas brilhantes acabam desperdiçando o seu talento por falta de perseverança? E quantos menos afortunados chegam mais longe porque têm dentro de si um motor que os leva adiante, incansavelmente, mesmo diante da adversidade?

A prática de mindfulness, como já vimos, não foge à regra de que precisamos ter perseverança se de fato quisermos torná-la um hábito. É o mesmo com a prática de exercícios físicos ou a adoção de uma dieta saudável.

É comum as pessoas se entusiasmarem diante de um novo desafio e começarem cheias de garra. Mais raro é manterem essa garra ao longo do tempo, o que depende totalmente de boas doses de persistência.

E a palavra "doses" aqui é proposital. Como já comentamos, está na dosagem a diferença entre o que nos faz bem e o que nos faz mal. A boa persistência é um esforço firme mas comedido (sem excesso) em relação às nossas metas e desejos. Em falta não chegamos a lugar nenhum; em excesso podemos nos machucar.

Como pais, ensinar persistência e perseverança aos filhos é dar a eles os instrumentos para que sejam capazes de lutar e conquistar os seus desejos. Para isso, é preciso abrir espaço a fim de que eles possam lutar, possam cair, possam se levantar. Esta é uma época em que temos muito medo do mundo lá fora, e é fácil cairmos no erro de tentar proteger em excesso as crianças e os adolescentes. Assim, não permitimos que desenvolvam as suas capacidades. Filhos que recebem tudo pronto não têm por que aprender a construir e conquistar por si mesmos. Mas e quando não pudermos fazer pelos nossos filhos, o que será deles?

9. DESAPEGO DOS SENTIDOS

As escrituras mais antigas nos ensinam que todo o sofrimento dos seres humanos vem do apego dos sentidos ao mundo exterior. A combinação de expectativas exageradas e apego por resultados é uma receita perfeita para a infelicidade. A questão fundamental aqui é reconhecer a impermanência de tudo — e se tudo muda o tempo todo, o apego não é inteligente. Isso serve tanto para posses quanto para pessoas.

A criação dos filhos é um exercício diário de desapego: conforme cumprimos bem o nosso papel de pais, vamos nos tornando desnecessários para as tarefas práticas da vida — ainda que não para os afetos, que bem nutridos durarão para sempre. Os pais que sabem que criam os seus filhos para o mundo conseguem lidar muito melhor com o momento em que eles deixam nossa casa, partem sem a nossa mão. Não significa que não teremos apreensões, que não sentiremos uma ponta de tristeza, mas esses sentimentos estarão enlaçados com a alegria de vê-los seguir o seu caminho, exatamente como deve ser.

O desapego tem um elemento enorme de aceitação da vida como ela é. Ao desapegarmos, paramos de brigar com a realidade para então podermos responder a ela da maneira mais inteligente que for possível.

Esse conceito não quer dizer abrir mão de qualquer conforto, contentar-se com qualquer coisa ou chegar à conclusão de que não vale a pena lutar por nada. Como tão bem ensinou o Buda e como preconiza o ayurveda, a ciência da longevidade, o segredo de uma vida bem vivida é o equilíbrio. Fazemos o nosso melhor — e então, com a mente e o coração tranquilos, podemos desapegar dos resultados. Portanto, desapego não tem nada a ver com o estado de uma pessoa em depressão, que não vê mais sentido na vida. Ele é um estado sereno da mente, caracterizado pela total objetividade em relação às coisas do mundo.

No desapego, compreendemos que a nossa felicidade não depende de nada externo — depende de nós! Uma tirinha muito precisa ao expressar esse conceito mostra duas pessoas, uma em frente à outra. A da direita tem escrita dentro de si a palavra felicidade. A da esquerda pergunta: "Onde você achou isso?", ao que a outra responde: "Fui eu que criei".

Quando desenvolvemos a nossa Presença Plena, conseguimos atribuir às coisas o seu valor real. Muitas necessidades exteriores vão diminuindo, como o consumismo desenfreado, que é alimentado por uma insatisfação e uma insegurança constantes. Constantes porque nada nem ninguém pode nos tornar seguros e plenamente satisfeitos — assim como a felicidade, esses são sentimentos que não achamos por aí, precisamos criar e nutrir. Ensinar isso aos nossos filhos é uma lição de libertação. Para que eles saibam dar valor ao que tem valor, e não passem a vida acorrentados a ilusões que são a causa de muita infelicidade.

10. EQUANIMIDADE

Mantenha a sua mente calma e firme diante de situações de estresse, dos problemas, das infelicidades — e também das alegrias e do prazer. Já vimos que as coisas são como são e que a aceitação dessa verdade torna tudo mais leve. Faça a sua parte da melhor maneira possível e confie. Tenha sempre uma atitude positiva perante a vida, nutra pensamentos positivos. Essa energia interna do bem fará total diferença para o desenrolar dos fatos. A mente eufórica ou depressiva devem ser descartadas, o sentimento de equanimidade diante de tudo deve ser preservado.

Um filósofo na Índia espera pelas notícias da chegada em segurança de um imenso navio que levava a sua mulher, filhos e riqueza ao estrangeiro. O mensageiro bate na porta e diz: "Senhor, o navio em que a sua mulher e o seu dinheiro estavam afundou!". O filósofo pergunta: "o QUÊ?! O navio afundou?! E daí?". O mensageiro responde: "O senhor perdeu toda a sua fortuna". O filósofo repete: "O quê?". E o mensageiro pacientemente responde: "A sua fortuna se foi, senhor". O filósofo ainda insiste: "E daí?". E o mensageiro responde mais uma vez: "Senhor, nada se salvou. O senhor está sem um centavo. Ninguém sobreviveu. O senhor perdeu a sua esposa e os seus filhos. O senhor agora é pobre, viúvo e sem filhos". O filósofo fica em silêncio e pensa. Por fim, ele diz: "Não existe nada que eu possa fazer sobre isso: trabalhei muito para ganhar o meu dinheiro e agora estou pobre. Amei muito a minha mulher e os meus filhos e eles se foram. O meu desespero não trará nada nem ninguém de volta. Vou trabalhar e começar tudo outra vez, de alguma forma vou reconstruir a minha vida".

Existem fatos agradáveis e desagradáveis. E às vezes os agradáveis se tornam desagradáveis e vice-versa. Devemos receber todos os fatos com estabilidade mental. Se pudermos não piorar os fatos desagradáveis com atitudes descontroladas, a vida ficará mais fácil. Dessa forma, também saímos da postura de vítimas para o entendimento de que a experiência humana é essa da impermanência: num momento tudo está bem, no outro não está. O melhor é aproveitar os bons momentos, reconhecê-los e amplificá-los, ao mesmo tempo que aceitamos os maus e lidamos com eles da melhor maneira possível, a partir do Eu Maior.

Crianças que aprendem o valor da equanimidade e que crescem praticando esse conceito se fortalecem perante a vida e passam a aceitar os fatos com maior objetividade e menor sofrimento. A prática da equanimidade vai aos poucos transformando a nossa mente num lago de águas calmas. Navegar a vida assim é mais gostoso!

II. VERDADE

A verdade é um dos valores mais importantes para a formação do nosso caráter. E os valores são verdades universais. Mas existem também verdades subjetivas, que fazem parte do contexto das nossas vidas, do momento em que estamos vivendo e das circunstâncias de cada situação. Que cada um de nós assuma o compromisso com as verdades universais em relação aos outros e também com as suas verdades subjetivas. Que cada um de nós também entenda que os outros têm as verdades subjetivas deles, e que é preciso exercitar a empatia para viver bem em sociedade.

Como pais, precisamos falar sempre a verdade para os nossos filhos e praticar o respeito pela nossa palavra, cumprindo o que prometemos. Esse compromisso nos faz pensar muito bem o que vamos dizer antes de sair falando qualquer coisa. E isso vale para coisas grandes e pequenas. Quando falamos a verdade e mantemos a nossa palavra, as crianças se sentem seguras e aprendem que podem sempre confiar em nós.

Também precisamos mostrar aos nossos filhos que eles devem ser fiéis às suas verdades subjetivas. Uma criança fiel à sua verdade se sente confortável na própria pele, sente-se bem sendo ela mesma, e resiste muito melhor à pressão do grupo. Ela também tem respeito pela própria palavra e, por consequência, não falta com a verdade para com os demais.

12. ALEGRIA/OTIMISMO

Até pouquíssimo tempo atrás, acreditava-se que otimismo era uma questão de genética: você nascia otimista ou pessimista e ponto final. Hoje a ciência nos mostra que o otimismo e a alegria podem ser aprendidos e cultivados, e que são respostas inteligentes às situações que a vida nos apresenta, porque nos enchem de força para enfrentar qualquer desafio.

Como repetidamente vemos, o que a ciência nos conta hoje a ioga já nos recomendava 5 mil anos atrás. *Santocha* é um dos pilares da filosofia de vida da ioga, e essa palavra sânscrita significa alegria por ser. Essa alegria independe do mundo lá fora, ela é parte da nossa essência porque a cultivamos no dia a dia, através da meditação e dos ássanas, as posturas que nada mais são que meditação no movimento. *Santocha* ainda tem relação direta com o reconhecimento de que a vida pode e deve ser leve e que essa leveza nos ajuda no cumprimento das nossas responsabilidades.

A sabedoria milenar indiana ensina que a vida é *leela* — em sânscrito, brincadeira cósmica e divina. Esse conceito está relacionado com o arquétipo energético de Krishna, que era um vaqueiro e passava a vida no campo tomando conta do seu rebanho, mas também tocando flauta e paquerando inocentemente as suas seguidoras. A metáfora indica o equilíbrio: de um lado, integridade e responsabilidade para com as nossas obrigações; de outro, leveza, alegria e a capacidade de curtir e celebrar a vida.

Quando escolheu o jornalismo como primeira carreira, Lúcia procurava a possibilidade do encontro para aprender sobre os mais diversos assuntos, com especialistas nas suas áreas — e, com cada entrevistado, sempre houve também um aprendizado de vida. Uma das entrevistas que mais a marcaram foi com a primeira mulher a se tornar presidente do Jardim Botânico do Rio de Janeiro, a ambientalista Samyra Crespo, que veio a se tornar uma grande amiga. Naquela entrevista num dia ensolarado caminhando pelas alamedas do Jardim Botânico, Samyra lhe contou uma conversa que tivera com o filho, na qual debatiam sobre o otimismo e o fato de ela ser uma otimista. Disse a ambientalista: "Sim, eu sou uma eterna otimista. Porque qual é a alternativa?". Qual é a alternativa ao otimismo? Não há nenhuma boa alternativa! O otimismo nos leva adiante, nos enche de esperança, nos dá forças para atravessar os caminhos mais complicados. Quando conversamos sobre valores com os nossos filhos, estamos ensinando-os a viver melhor.

Crianças alegres e otimistas fazem amigos mais facilmente, se recuperam mais fácil dos problemas, acreditam mais em si mesmas. Quando ensinamos à criança que ela deve sempre fazer o seu melhor, desapegar do resultado e cultivar o otimismo, estamos passando uma receita de felicidade e de força para enfrentar o que quer que seja que a vida lhe apresentar. A alegria e o otimismo também são grandes promotores do aprendizado e da inovação. O cérebro alegre aprende com mais facilidade e o otimismo nos faz acreditar que é possível criar uma realidade diferente, é possível melhorar algo que não esteja funcionando, é possível recomeçar, sempre.

13. RESILIÊNCIA

Assim como a persistência pode ser mais importante do que o talento, a resiliência pode fazer toda a diferença numa vida. Temos poucas certezas durante a nossa existência neste planeta: a morte é uma delas, os desafios são outra.

Resiliência é um conceito emprestado da física e indica a capacidade de alguns corpos de voltarem ao seu estado original depois de serem submetidos a uma pressão. O exemplo clássico é uma mola: ao ser apertada ou esticada, ela se deforma, mas uma vez solta ela volta ao seu estado original. No caso dos seres humanos, a resiliência não nos faz apenas voltar ao "formato" original — ela nos torna mais fortes, mais sábios do que éramos antes de enfrentar a adversidade.

A resiliência é fortemente alimentada pela esperança e pelo otimismo, importantes sentimentos positivos porque têm a capacidade de surgir mesmo nas situações mais complicadas e de nos fornecer a energia necessária para continuar. Enxergar problemas como desafios e interpretar crises como oportunidades nos ajuda a atravessar os momentos difíceis. Para as crianças, a resiliência deve ser ensinada desde cedo, inclusive nomeando-a, para que meninos e meninas saibam o que significa e a diferença que faz na vida.

14. GRATIDÃO

A gratidão combate duas causas de infelicidade às quais a nossa cultura é particularmente vulnerável: a noção de merecimento exacerbado, como se as nossas conquistas não tivessem sempre a participação de outros; e a solidão. Somos a espécie mais sociável do planeta e temos uma enorme capacidade de colaborarmos uns com os outros e de construirmos sobre as conquistas dos que vieram antes de nós. Reconhecer isso nos torna parte integrante da grande família humana e nos traz o sentimento de pertencimento. O pai da física, Sir Isaac Newton, disse isso de forma poética: "Se eu enxerguei mais longe, foi por estar no ombro de gigantes".

Há vários níveis de gratidão e todos são fortalecidos pela atenção plena no aqui e agora. No primeiro nível, somos gratos por tudo de bom que nos acontece: notamos as coisas boas que se passam porque estamos prestando atenção; e ao notá-las nós agradecemos. No segundo nível, somos gratos por tudo o que não seja um problema na nossa vida — e o jeito mais fácil de entender como funciona esse nível é imaginar o que seria da sua vida se amanhã você acordasse apenas com aquilo pelo que foi grato hoje. Viu o quanto essa perspectiva aumenta a nossa gratidão? O terceiro nível, mais profundo ainda, é quando nutrimos a gratidão por tudo — incluindo os problemas, as decepções, as tristezas, as injustiças... Não porque fingimos que não existem ou fazemos de conta que não nos importamos. Ao contrário: porque encaramos a vida toda como uma oportunidade de aprendizado. E nós aprendemos muito na adversidade.

Segundo a tradição milenar do Oriente, a vibração energética da gratidão é a mais alta que existe: mais até que a vibração do amor, que normalmente é a que as pessoas imaginam. Mas a gratidão não deixa de ser uma expressão de amor: pelos outros seres humanos, pelas circunstâncias, por nós mesmos e, para quem tem fé, por um poder maior, universal.

Uma boa maneira de inserir o hábito da gratidão na vida dos nossos filhos é fazendo agradecimentos a eles e a outras pessoas na frente deles e incentivando-os a agradecer também. No jantar, por exemplo, você pode contar às crianças algumas das coisas pelas quais se sente grato naquele dia e perguntar-lhes pelo que elas gostariam de agradecer. Outra ideia é o Diário da Gratidão, que pode ser feito logo antes de dormir: durante uma semana, todos os dias, a gente agradece por cinco coisas diferentes. Para cada evento se dá um título e se faz a descrição detalhada. Quem gostar da ideia pode depois adotar esse exercício pelo resto da vida, seja fazendo-o diariamente ou duas a três vezes por semana, para manter a atitude de gratidão sempre fresquinha.

O hábito da gratidão traz imensos benefícios porque: 1. Você começa a reconhecer muito mais aquilo que lhe faz bem; 2. Você passa a encarar com mais tranquilidade as dificuldades; 3. Ao agradecer, as coisas boas ficam ainda mais gostosas; 4. Ao lembrar mais tarde das coisas pelas quais somos gratos, de novo nós sentimos gratidão, imediatamente duplicando o efeito desse sentimento no nosso cérebro.

15. AUTOCONFIANÇA

Confiar é parte intrínseca do treinamento em mindfulness: precisamos confiar no nosso corpo, nas nossas reações, na nossa intuição. É sempre muito melhor confiar na gente mesmo do que em algo lá fora — ainda que a gente vá, sim, cometer erros vez ou outra. A autoconfiança é fundamental para que possamos desenvolver todo o nosso potencial. Ela nos traz segurança e uma sensação de estarmos confortáveis na nossa própria pele. A autoconfiança também é fundamental para o aprendizado e a inovação.

16. PROPÓSITO DE VIDA

A tradição indiana ensina que nenhum ser humano pode ser realmente feliz se não tiver encontrado o seu dom, o seu propósito de vida. Praticar mindfulness nos leva a entrar em contato com a nossa verdadeira essência, onde podemos ouvir a voz da nossa sabedoria interna e desenvolver a nossa Presença Plena. Sedimentados numa vida acolchoada de valores, chegaremos a esse objetivo com maior rapidez.

À mesma conclusão chegou a ciência da felicidade, que aponta como um dos pilares da construção da nossa felicidade a descoberta e a vivência do nosso propósito de vida. Esse propósito pode estar ligado a um trabalho ou à vida familiar, mas em geral é voltado para os outros: ou seja, colocamos o nosso talento a serviço da comunidade.

Quando pensamos no nosso papel de pais, a tradição milenar da Índia diz que a maior missão em relação aos nossos filhos vai além de lhes dar amor, educação, estudos, prover saúde, alimentação, conforto. Temos de ajudá-los a descobrir e desenvolver o seu dom, o seu talento, o seu propósito de vida. Indo mais além, os pais devem incentivar o desenvolvimento desse dom e ensinar aos seus filhos como dedicá-lo em benefício da humanidade, sem esperar nada em troca. Esse dom é uma dádiva do universo para com as crianças e deve ser posto à disposição do todo.

FELIZ AQUI E AGORA

Que tal arregaçarmos as mangas e fazermos acontecer o que desejamos para nós, para os nossos filhos e para o mundo? A felicidade existe no aqui e agora, a partir da nossa determinação de construí-la, a partir da nossa disciplina de viver de acordo com os valores essenciais e de adotar o mindfulness como um estilo de vida.

Todos os valores são reforçados na prática do mindfulness, tanto informal quanto formalmente. Mas não podemos reforçar o suficiente o quanto a prática formal é a base de tudo: pois no silêncio é que desenvolvemos a nossa Presença Plena para então podermos utilizá-la no dia a dia. A quietude é fundamental. Esse é um ensinamento que encontramos em todas as tradições contemplativas e em histórias como a do rei Arthur.

Quando Arthur nasce, o seu pai, o rei Uther Pendragon, decide confiar o menino aos cuidados de um grande mago, Merlin, a fim de que aprenda tudo o que precisa para se tornar o maior de todos os reis. Merlin ensina uma série de valores ao menino e entre os seus principais ensinamentos está a importância do silêncio na nossa vida. É dentro do silêncio que está inserido o campo da pura potencialidade, o campo das infinitas possibilidades com o qual as crianças devem estabelecer um relacionamento profundo e íntimo. É nesse espaço — atingível através do aquietamento da mente — que as crianças poderão desenvolver a melhor versão de si.

EU MAIOR NO CONTROLE

Devemos manter a nossa atenção plena no controle sobre a nossa mente. Devemos observar a nossa maneira de pensar e não necessariamente controlar a massa cinzenta ou as células do cérebro. A mente pode ser comparada a um caleidoscópio de pensamentos coloridos e fantasiosos que vêm e que vão sem cessar. A mente é volúvel por natureza, com movimentos caprichosos. Mas nós temos autoridade sobre ela.

Vamos então nos empoderar dessa autoridade e ter a certeza de que podemos mudar o rumo dos nossos pensamentos se soubermos dominar a mente da maneira que quisermos.

Existem várias maneiras de pensar, e para entendermos esse processo precisamos abordá-las aqui:

- mente impulsiva: pensamentos nascidos do instinto;

- mente mecânica: comandada por um condicionamento prévio;

- mente deliberada: que avalia o pensamento, examina as ideias, aceitando-as ou descartando-as de acordo com a estrutura dos seus valores;

- mente espontânea: quando os pensamentos estão naturalmente atrelados aos valores universais e, desses pensamentos, só saem as boas e corretas ações.

É à mente espontânea que queremos chegar, mas isso requer intenção, disciplina e tempo. O foco da nossa mente deve estar sempre voltado para um ponto — o BINDU — no qual toda a adversidade do mundo se une, quando fica claro que todos somos um. Essa escolha requer um estado de alerta. Que bom será o dia em que todas as crianças possam aprender a observar os seus pensamentos para ter um maior entendimento do que se passa dentro delas!

5. É sobre a sua prática

Só sei que nada sei.
Sócrates, filósofo grego

Como professoras que somos, nós adoramos contar histórias e compartilhar conhecimentos. Mas para aprender mindfulness é preciso aquietar. Se você não souber nada sobre a ciência do mindfulness e tiver uma prática consistente, você colherá os benefícios. Já o oposto não se sustenta: se você souber tudo sobre a ciência do mindfulness, mas não tiver uma prática consistente, você não impactará positivamente a sua vida. Já a soma de conhecimento científico e prática disciplinada é, para nós, o melhor dos mundos. Porque você pratica sabendo o que está fazendo, como fazer melhor e por que motivos dedicar seu tempo a essa rotina.

Ao iniciar uma prática de mindfulness sempre sugerimos que as pessoas deem passos confortáveis, ou seja, que experimentem treinar por poucos minutos para depois irem aumentando esse tempo gradualmente.

Mais: é importante combinar. E ele combina duas práticas complementares: a formal e a informal. Na prática formal, você tira um tempo do seu dia para meditar. Na informal, você insere momentos de atenção plena durante as suas atividades. Um treinamento não substitui o outro, eles se somam. E os benefícios que descrevemos neste livro dependem dessa soma e da sua disciplina para praticar todos os dias.

QUAL A SUA INTENÇÃO?

Vamos lá! Hora de entender na prática o que fazer para adotar um treinamento de mindfulness. Tudo começa na definição da nossa intenção. Sempre que nos propomos a prestar atenção em alguma coisa, é interessante definirmos a nossa intenção. Como explicou o autor Rick Hanson, psicólogo da uc Berkeley, durante o Mindful Living Week 2018,[1] do ponto de vista do cérebro, a determinação da nossa intenção pode ser feita do topo para baixo ou de baixo para o topo.

- *Definição da intenção do topo para baixo*: ocorre quando partimos da mente, ou seja, quando tomamos uma decisão usando a nossa faculdade do pensamento. Por exemplo, podemos dizer para nós mesmos: "Eu desejo prestar atenção à minha respiração diversas vezes ao longo do dia". Ou podemos resolver distribuir post-its pela casa ou pelo escritório, lembrando-nos da nossa intenção de estar presentes no momento, de maneira plena. "Pesquisas mostram que restabelecer, rotineiramente, a sua intenção de prestar atenção do topo para baixo pode literalmente fazer crescer estruturas dentro do cérebro em partes envolvidas com esse tipo de regulagem", afirma Hanson, autor de diversos livros sobre meditação.

- *Definição da intenção de baixo para cima*: quando o exercício tem início no nosso corpo. Parece um conceito estranho? Sim, pois vivemos muito afastados da inteligência do corpo, que é um repositório espetacular de sabedoria. Mas a partir do momento em que você sente no corpo o que é estar verdadeiramente centrado e presente, essa sensação se torna uma espécie de âncora do mindfulness, a partir da qual nos lembramos de viver o aqui e agora constantemente. É por isso que todos os exercícios deste livro terminam da mesma forma: pedindo que você avalie como se sente após a prática, e comparando o antes e o depois. Dessa maneira, você começa a perceber, no seu corpo (bem como nos pensamentos), o que é estar plenamente presente, e essa sensação boa e a nossa consciência dela nos auxiliam na formação do hábito.

Use, portanto, as duas maneiras de definir a sua intenção: do topo para baixo (da mente para o corpo) e de baixo para cima (do corpo para a mente).

MEDITAÇÃO É PRIORIDADE

O fato de entendermos que somos seres de hábito nos ajuda muito na criação do estilo de vida que desejamos ter. Se a nossa intenção é adotar o mindfulness na nossa vida e na vida da nossa família, utilizando tudo o que a ciência nos ensina sobre formação de hábito, temos muito mais chances de ser bem-sucedidos no cumprimento do nosso objetivo.

A nossa primeira recomendação para começar a criar o hábito da meditação é ligar a prática a alguma coisa que já seja uma prioridade para você. Assim, a seguir oferecemos um passo a passo para ajudá-lo a descobrir as suas prioridades — de verdade, não as que talvez você pense que tem!

Como as nossas prioridades mudam com o tempo, você pode querer repetir esse exercício depois de um ou dois anos ou quando houver uma alteração significativa na sua vida.

I. DESCUBRA AS SUAS PRIORIDADES

Abaixo, uma série de perguntas que vão nos ajudar a ter mais clareza sobre as nossas prioridades. Com base nas respostas dadas, liste as suas cinco prioridades.

- O que você faz a maior parte do seu tempo?

- No que você mais gasta o seu dinheiro?

- Em que área da sua vida você é mais focado(a), tem mais disciplina?

- O que o inspira mais?

- No que você mais pensa, o que deseja, qual o seu maior sonho?

- Vá dez anos adiante na sua vida. E agora olhe para trás. Você pode se orgulhar de ter conquistado uma coisa — o quê?

2. LIGUE A MEDITAÇÃO MINDFULNESS ÀS SUAS PRIORIDADES

Agora que você se deu conta daquilo que é prioritário na sua vida, pense como a meditação pode ajudá-lo nesse aspecto. Para cada item, você deverá listar cinco motivos. Por exemplo:

- Maternidade/paternidade: A. a meditação vai me ajudar a ser um bom exemplo de caráter para os meus filhos; B. a meditação vai me auxiliar a ficar calmo quando as coisas estiverem caóticas; C. a meditação vai me ajudar a estar inteira e verdadeiramente presente para atender às necessidades dos meus filhos; D. a meditação vai me ajudar a me conectar com os meus filhos no nível da compaixão; E. a meditação vai me ajudar a não perder o controle com os meus filhos.

Faça esse exercício com calma. Pode parecer uma bobeira, mas o que estamos fazendo é gravando no nosso cérebro a importância da meditação. Mais: estamos transformando a meditação num auxílio poderoso para aquilo que você já considera importante. Quanto mais forte a conexão entre a meditação e as suas prioridades, mais fácil será prevenir a autossabotagem.

3. COMPROMETA-SE COM UM LOCAL E HORÁRIO

Tomar decisões o tempo inteiro nos cansa. Então, para ajudar na criação do hábito formal da meditação mindfulness, vamos predefinir algumas coisas:

- onde você vai praticar;

- o que você vai usar: almofada, mat, aroma;

- horário da meditação;

- tempo de prática que você deseja fazer esta semana.

Já sabemos: somos seres de hábito. Assim, depois de duas semanas fazendo meditação todos os dias, no mesmo horário, o seu corpo começa a entender que naquele horário você medita e ele já vai se preparando para a atividade.

O local familiar, os seus apetrechos, tudo isso ajuda no estabelecimento de um ritual seu. Assuma um compromisso preciso, específico: "Eu vou meditar por dez minutos, de segunda a sexta, às oito da manhã, e nos finais de semana às dez da manhã". Ponha um alarme no celular: ele tocou, você vai e medita. Você não tem que pensar em nada, não tem que decidir nada. Não deixe espaço para dúvidas, do tipo "Vou meditar todos os dias depois do jantar". Depois do jantar, você pode se perguntar: será que eu medito agora ou dou uma olhada no WhatsApp? E se você for verificar o WhatsApp, esqueça, porque não vai meditar... Livre a sua mente dessas dúvidas, seja específico consigo mesmo. Quanto ao tempo de meditação, lembre-se de não ser muito ambicioso. Sobre o lugar, avise a quem você precisa avisar o que você vai fazer e a que horas, para não ser incomodado.

4. ESTABELEÇA UMA RECOMPENSA

Você já decidiu que vai meditar, já sabe por que está fazendo isso e já definiu exatamente como, onde e quando vai fazer a sua prática. Então, agora vamos estabelecer alguns gatilhos para lembrá-lo do seu compromisso. Exemplos:

- pôr o alarme do celular para despertar cinco minutos antes;

- deixar um lembrete perto da atividade que você faz logo antes, como um post-it do lado da escova de dentes.

O segundo elemento aqui é a recompensa. A gente gosta de repetir o que nos dá prazer. A primeira recompensa da meditação é interna: o sentimento de paz, descanso, que ela traz ao corpo e à mente.

Você pode aproveitar o seu Diário de Meditação (explicado no passo seguinte) para anotar as coisas positivas que a meditação está lhe trazendo e os momentos em que você sentiu orgulho de si mesmo e que de alguma forma se liguem ao hábito de meditar.

Se essas recompensas internas não forem o suficiente nesse início, dê a você mesmo uma recompensa externa. Gatilhos e recompensas ajudam o nosso cérebro a lembrar do hábito e nos mantêm motivados. Vamos ver um exemplo:

A. deixa: o despertador toca;

B. rotina: sento para meditar no lugar de sempre, com os apetrechos de sempre, pelo tempo estipulado previamente;

C. recompensa: eu me sinto bem (ou como um pedacinho de chocolate ou faço uma pequena doação para a caridade, que somando todos os dias se tornará uma doação significativa).

É claro que é fundamental escolher gatilhos e recompensas que façam sentido para você.

5. PRESTE CONTAS A SI MESMO

Sempre que precisamos prestar contas de alguma coisa, a nossa responsabilidade tende a crescer. Em geral, encaramos prestação de contas como algo que fazemos para outra pessoa — mas não existe no mundo ninguém mais importante que você mesmo para o sucesso da sua prática de mindfulness. Portanto, vamos aqui criar um mecanismo para que você preste contas a si mesmo.

Uma ótima ideia é a criação do seu Diário de Meditação. Todos os dias, anote nele a data, o tempo que meditou e alguma reflexão sobre sua prática naquele dia.

Se você não meditar, ainda assim ponha a data no caderno e deixe a página em branco, pois isso fará com que você se lembre do compromisso não cumprido naquele dia.

6. CONTE PARA OS SEUS AMIGOS

A gente sempre quer dar boas notícias, ser exemplo, conquistar coisas interessantes — e, assim, ter o reconhecimento das pessoas que são importantes para nós. Então, conte para os amigos que você está meditando. Além de ajudá-los a conhecer uma prática que talvez eles possam incorporar, você estará dando a si mesmo um incentivo extra para manter a disciplina.

7. PRATIQUE EM FAMÍLIA OU EM GRUPO

A prática em grupo é excelente no início. Isso porque assumimos um compromisso que vai além de nós mesmos, com outras pessoas que são importantes para nós. Incorporar o mindfulness na rotina familiar modifica toda a dinâmica dessa rotina, tornando os benefícios ainda maiores, já que cada pessoa estará sendo individualmente impactada e a família terá o impacto da soma de todos os membros. Da mesma maneira, organizar grupos de meditação nas escolas e empresas também multiplica os benefícios, que vão além do indivíduo para a criação de uma cultura mindful.

8. ADOTE A TOLERÂNCIA ZERO

Para criar um hábito, a melhor atitude é a da não negociação: vou meditar não importa o que esteja acontecendo. Nem sempre a nossa mente é nossa amiga. Se você tem circunstâncias especiais que justificam não meditar, todo santo dia a sua mente vai se questionar se aquele dia não seria uma circunstância especial. Decida que todo dia você medita e pronto, tolerância zero com as desculpas. Por acaso você volta e meia deixa de tomar banho ou de escovar os dentes? Não! Então se lembre: você deve meditar todos os dias por pelo menos cinco minutos. É assim que a gente cria hábito. Esses cinco minutos aos poucos deverão ir aumentando, até chegarmos ao ideal, que seriam de quinze a vinte minutos diários.

Há uma regra entre os meditadores de longa data que você precisa conhecer desde já: é a regra de que todos devemos meditar pelo menos vinte minutos por dia — a não ser que estejamos sem tempo, ocupados ou estressados ou assoberbados demais... Nesses casos, devemos meditar por quarenta minutos! Sim, é uma brincadeira. E sim, tem um imenso fundo de verdade. Porque justamente quando estamos mais atrapalhados e, portanto, em teoria sem tempo para meditar, é que mais precisamos da prática.

Veja alguns dos obstáculos mais comuns que as pessoas alegam quando estão iniciando uma prática de meditação:

"Não estou conseguindo meditar": nesse começo, se você se sentar, fechar os olhos e respirar já está tudo certo. Continue praticando!

Autossabotagem: identifique as desculpas que você dá para si mesmo. E responda a elas, por escrito. Exemplos:

- "Hoje eu acordei mais tarde": e não tenho dois minutos para parar e respirar?! Tenho sim!

- "Hoje não estou me sentindo muito bem": Mas ainda estou respirando! E meditar melhora a saúde e apressa a recuperação de doenças.

- "Estou estressado demais, bravo demais, agoniado demais": pois agora mesmo é que eu mais preciso meditar e sair desse estado.

- "Eu só preciso antes dar uma olhadinha em...": fácil, eu olho DEPOIS de meditar, não agora.

- "Acho que meditar não é para mim": meditar é para todos. E eu posso, eu consigo, eu vou fazer isso por mim mesmo, pelos meus filhos, pelo meu trabalho... Por tudo aquilo que eu listei nas minhas prioridades e estabeleci a ligação com a meditação.

- "Estou ficando entediado com a prática": meditação não é para ser algo excitante. Assim como você faz com qualquer outro pensamento ou sentimento na hora de meditar, ponha esse de lado também.

Em resumo: pratique, pratique, pratique. Mesmo quando você não estiver com vontade, mesmo quando achar que não tem tempo, que não é conveniente, ou qualquer outra desculpa que a sua mente inventar. Pense num atleta: não é todo dia que ele quer praticar — mas ele pratica e ponto final.

Expectativas: são o oposto da meditação. Não espere resultados. Concentre-se no processo. O sucesso está no processo. E ele aparece na sua vida, basta você se dar uma chance.

MEDITAÇÃO NA PRÁTICA

I. ONDE FAZER

Segundo a tradição dos Vedas, as antigas escrituras indianas, ao montarmos um espaço, com atenção e intenção, para ali realizar a nossa prática de ioga, preenchemos esse local com a nossa energia e acessamos a energia da egrégora milenar dessa filosofia, o que facilita o treinamento. O mesmo vale para o seu espaço de meditação.

Em termos científicos, já mencionamos como a montagem do espaço auxilia na formação do hábito.

Escolha um local que seja limpo, arejado e que você possa preparar de maneira que fique atraente e confortável. Ponha uma poltrona ou um sofá com almofadas ao redor, que possam ajudar a manter a sua coluna ereta. Você também pode usar um almofadão no chão ou uma cadeirinha especial para meditação — ambos podem ser encontrados na internet. Se você sente frio, tenha por perto uma mantinha (no inverno isso faz toda a diferença).

Também decore o local com objetos significativos para você: flores, velas, pedras com significado, cristais... o que você quiser.

2. PREFIRA O SILÊNCIO

Certifique-se de que no local que você escolher para meditar não haja barulho excessivo, que você não vá ficar num ponto de passagem de pessoas. Avise a todos que estão por perto que você vai meditar e que ninguém deverá interromper a sua prática. Desligue os telefones e os celulares — qualquer barulhinho emitido por eles é suficiente para distrair a nossa atenção. Se desejar, ponha uma música suave, harmoniosa, que toque o seu coração.

3. USE AROMATERAPIA

Você pode também usar aromaterapia, pondo velas aromáticas ou um difusor no ambiente. Siga os sinais de conforto e desconforto do seu corpo na escolha de tudo o que será parte desse seu espaço de meditação, inclusive o aroma. Tente vários até chegar à sua opção ideal. O melhor aroma para você é aquele que realmente agrada o seu olfato e promove o aquietamento dos seus pensamentos.

Nós recomendamos que você experimente meditar usando o óleo essencial de lavanda, cujo efeito terapêutico é promover o aquietamento. Mas certifique-se sempre de comprar um óleo essencial de boa qualidade e não apenas o aroma, que não tem efeito terapêutico.

4. QUANDO FAZER

Os horários mais indicados para a meditação formal são:

- logo cedo, ao acordar: quando você prepara o seu corpo e a sua mente de maneira positiva para o dia que começa;

- no final da tarde, antes de jantar: quando você limpa o corpo e a mente das agitações do dia e se prepara para uma noite repousante e revigorante.

Não recomendamos a meditação de estômago muito cheio (logo depois de almoçar ou jantar), porque em geral as pessoas sentem sono e uma sensação de peso. Meditar com fome também não é uma boa ideia, pois você provavelmente não conseguirá manter a atenção por muito tempo.

Mas, como sempre, busque o que faz sentido dentro da sua rotina e aquilo que traz conforto para você.

Tente meditar sempre no mesmo horário e lugar. Isso é parte da construção de um ritual próprio, que ajudará o seu cérebro na formação do hábito. A definição do horário deve ser precisa, sem deixar margem para dúvida. Por exemplo: "Vou meditar assim que acordar, logo depois de ter usado o banheiro". Essa é uma instrução específica para o cérebro. É diferente de decidir: "Vou meditar de manhã cedo". Nessa segunda opção, há muita margem para dúvida: será antes ou depois do café da manhã? Antes ou depois de conferir as mensagens no celular? Quando deixamos a instrução vaga para o cérebro, é muito mais fácil não cumprirmos a nossa rotina.

5. POSTURA DE REI E RAINHA

Para meditar, é importante estar numa postura confortável. Todo desconforto gera um fluxo extra de pensamentos que atrapalham esse momento. Vamos então simplificar as coisas.

Se você estiver sentado no chão, pode cruzar as pernas à frente nas diversas formas da postura de lótus (*padmasana*, em sânscrito).

Se preferir sentar-se numa cadeira ou sofá, simplesmente deixe os pés paralelos, bem apoiados no chão.

Em qualquer postura, deve-se manter a coluna ereta: auxilia no fluxo de energia do corpo e na manutenção da consciência, indicando ao cérebro que este é um exercício de atenção, e não simplesmente um relaxamento. Mas lembre-se: você sempre deve se sentir confortável.

Se tiver qualquer desconforto, arrume o seu corpo e busque a postura ideal. Nessa postura, quanto mais imóvel você puder ficar, melhor: no continuum corpo-mente, a imobilidade do corpo ajuda a acalmar o fluxo de emoções e pensamentos.

Não estranhe: ao começar a meditar, você provavelmente sentirá coceira, formigamento e outras sensações físicas. Isso acontece porque o corpo não está acostumado à imobilidade e dará sinais para você se mexer. Antes, porém, de fazer qualquer movimento, aplique um pouco de mindfulness ao que você sente: muitas vezes o simples ato de olhar com curiosidade e compaixão para essa sensação física já vai fazê-la passar, sem que você precise mexer o corpo. Outras vezes, esse não será o caso — e tudo bem, você então faz o ajuste corporal necessário e na sequência retoma a imobilidade. Mas sempre, sempre, durante alguns minutos utilize o desconforto corporal, qualquer que seja ele, como foco de atenção: esse é mais um exercício de mindfulness.

Sente-se confortavelmente no assento que você escolheu, com a coluna ereta e os olhos fechados. Esse convite para fechar os olhos ajuda a irmos para dentro, pois a visão é um sentido muito prevalente nos seres humanos, puxando-nos para fora. Caso você prefira não fechar os olhos, mantenha-os entreabertos, apenas descansando o olhar num ponto fixo no chão.

Imagine um ganchinho puxando o topo da sua cabeça para o infinito, alongando a sua coluna vertebral como se fosse de elástico. Traga o pescoço ligeiramente para trás, o queixo paralelo ao chão, alinhando a cabeça à sua espinha dorsal. Leve os ombros para cima, para trás e para baixo, unindo as escápulas no meio das costas, abrindo o esterno e o coração, projetando o peito. Essa é a sua postura de rei ou de rainha, que deverá ser mantida não somente durante a prática, mas durante todo o dia, sempre que você se lembrar, até que se torne hábito.

E então comece a trazer o seu ponto de referência do mundo de formas e matéria lá fora para o seu mundo interior: como se você estivesse fazendo um mergulho dentro de um imenso campo no centro do seu ser. Esse é o campo da pura potencialidade, das infinitas possibilidades que acessamos ao meditar, construindo dessa maneira a melhor versão de cada um de nós.

Comece a observar a sua respiração, o ar entrando e saindo num fluxo natural e espontâneo.

6. RELAXE

Ao meditar, vamos ao mesmo tempo trabalhar foco e relaxamento. Uma das definições de meditação é exatamente esta: consciência absoluta combinada a relaxamento.

Rick Hanson nos lembra de que os nossos ancestrais viveram em tempos nos quais continuamente corriam risco de vida. E quando nos sentimos ameaçados, começamos a buscar por todo o ambiente o que pode nos fazer mal, tornando-se impossível manter o foco em apenas um ponto.

Uma maneira muito eficiente de induzir o relaxamento é aprofundar a respiração. E quanto mais longa a expiração, melhor. Quando expiramos tão longamente quanto inalamos ou, melhor ainda, exalamos por ainda mais tempo do que inspiramos, engajamos o nosso sistema nervoso parassimpático. Isso naturalmente diminui os batimentos cardíacos e nos acalma. Também ajuda a diminuir o fluxo dos pensamentos.

Comece contando três tempos na inspiração e três tempos na expiração, mantendo sempre uma pausa entre o ar que entra e o ar que sai.

Aos poucos, vá percebendo como o seu corpo começa a relaxar e a sua mente vai se aquietando.

7. CONCENTRE-SE NO OBJETO DA SUA ESCOLHA

É hora, então, de focar a atenção plena no objeto que você escolheu para a sua prática.

A respiração é o primeiro objeto de atenção que escolhemos focar quando ensinamos mindfulness, pois costuma ser o mais simples. Nós respiramos o tempo todo, é algo que está sempre conosco. E ao adotarmos a Respiração Completa ou a Respiração Consciente (veja esses exercícios no próximo capítulo), o efeito calmante é imediato e espetacular.

Mas você também poderá eleger outros objetos de meditação, como um mantra (um som), uma mandala (uma imagem), uma vela...

Neste livro, damos o passo a passo de várias maneiras de praticar mindfulness formal e informalmente. A ideia é que você experimente as várias formas e faça uso delas como se fossem um kit de ferramentas: você terá opções para melhor encaixar a prática com o seu momento de vida, a sua necessidade, o seu tempo...

FOGOS DE ARTIFÍCIO

Não é raro, para quem começa a pesquisar sobre meditação, se deparar com histórias de experiências maravilhosas ocorridas durante a prática meditativa. Sim, essas experiências acontecem — mas não são o ponto fundamental.

Um exemplo: Márcia estava num retiro na Índia, com Vamadeva Shastri (o médico americano David Frawley, considerado a maior autoridade ocidental em ayurveda). Os dias eram passados em práticas de ioga, exercícios respiratórios, palestras e horas a fio de meditação.

Certa manhã, meditando às margens do rio Ganges, que na Índia é considerado sagrado, Márcia de repente sentiu uma espécie de tontura e um distanciamento entre consciência e corpo, como se ela não tivesse mais o corpo. Com os olhos da mente, ela via o universo resplandecer como se estivesse repleto de partículas de luz, brilhantes como purpurina dourada, e experimentou a mais pura felicidade.

Episódios assim na prática meditativa são tão marcantes quanto raros. E se você começa a meditar querendo ter essa experiência, em vez disso encontrará os ruídos da frustração. Por outro lado, experiências assim poderosas podem de repente acontecer fora da prática meditativa formal, mas em momentos de profundo silêncio interior e contemplação, de prática informal.

Para Lúcia, aconteceu num barquinho que descia um rio em algum ponto do Amapá, lá onde o equador corta a Terra. Na embarcação frágil, apenas três pessoas: o pescador que dava carona, a fotógrafa experiente e a jovem editora, que buscava personagens para uma pauta difícil: parteiras da floresta. A ideia era contar a história de mulheres que ajudam outras mulheres na hora do nascimento dos seus filhos, em meio à Floresta Amazônica, em locais completamente distantes de qualquer cidade ou mesmo povoado. Nesse dia, a busca era por casinhas isoladas na margem do rio, precariamente sustentadas por pala-fitas. O pescador tinha avisado que a jornada demoraria mais de uma hora. Mais de uma hora inteira de puro silêncio, natureza vibrante e a oportunidade de respirar ar puro.

Aconteceu de repente: primeiro as cores ficaram mais fortes, como se tivessem sido acesas. Então o silêncio cresceu, imenso, infinito. O ar fi-cou doce e a inspiração e a expiração se aprofundaram com essa doçura. O aqui e o agora cresceram a ponto de ocupar tudo, sem nenhum espaço para passado ou futuro, preocupação ou ansiedade, memória ou plano. Havia apenas o presente e, nele, a presença — uma consciência absolu-ta, curiosa, gentil, grata, plena. A vida vivendo a vida, conscientemente.

Lúcia não sabe dizer qual a duração dessa experiência. O tempo havia sido suspenso. E aquele sentimento ficaria gravado para sempre na sua memória. Foi só mais tarde, quando já estudava e praticava me-ditação, que a jornalista se deu conta de que havia, espontaneamente, entrado no vão — o espaço existente entre os nossos pensamentos, o campo do silêncio profundo que guarda as infinitas possibilidades.

Por um bom tempo, então, este passou a ser o foco da sua práti-ca meditativa: a busca daquele silêncio. Sem sucesso. Foi quando ela aprendeu que o dia a dia da meditação não são fogos de artifício. É a prática bastante rotineira de sentar-se com a coluna ereta, concen-trar-se no objeto escolhido para o treino no dia (a respiração, um som, uma imagem) e, a cada momento que a mente se desviar, trazê-la de volta gentilmente. Simples assim. E nada fácil.

De novo: meditar exige desapego do resultado. E então um dia, num retiro de ioga e meditação conduzido no espaço que Márcia tinha na época em São Paulo, em meio a uma prática que envolvia meditar entoando o mantra (som) Om continuamente com outras dezenas de pessoas, de repente Lúcia de novo escorregou pelo vão, e de novo ali estavam: o silêncio profundo, o presente e a presença. Mas a essa altu-ra Lúcia já havia aprendido o suficiente sobre meditação para aprovei-tar aquele momento, sem depois ficar buscando a sua repetição.

Então, vamos começar! No próximo capítulo trazemos uma série de exercícios de mindfulness formal e informal para que essa prática maravilhosa possa ser inserida na sua vida e na da sua família.

6. É sobre a sua rotina

Nós somos o que fazemos repetidamente. Portanto,
excelência não é um ato, mas um hábito.
Aristóteles, filósofo grego

Bem-vindo, bem-vinda à sua nova rotina! Adotar a prática de mindfulness em família é uma delícia e estamos muito felizes por você estar se juntando a mais e mais pessoas, no mundo inteiro, que já fizeram essa opção e estão colhendo os benefícios da prática.

Os exercícios aqui indicados podem ser feitos por pessoas de todas as idades, apenas com adaptações para cada idade. Sempre que estamos ensinando crianças ou adolescentes a meditar, o mais importante a ser lembrado é:

1. A primeira e mais importante intervenção baseada no mindfulness é a qualidade da nossa própria presença: se estamos agindo a partir da nossa Presença Plena, esse é o maior ensinamento. Porque todas as nossas interações com as crianças ou os jovens tenderão a ser de muita qualidade.

2. O mindfulness é sempre um convite, nunca uma obrigação. O mindfulness empodera o praticante — não é uma ferramenta de controle dos pais sobre os filhos, muito pelo contrário. É uma prática que desenvolve nas crianças e nos jovens o poder que já existe dentro deles mesmos, o poder de criarem a sua melhor versão, de desenvolverem a sua Presença Plena.

3. Flexibilidade e paciência são palavras-chave quando estamos fazendo qualquer atividade com crianças e jovens. Com o mindfulness não é diferente.

4. Intenção, disciplina e tempo: eis o tripé sobre o qual se sustenta o mindfulness em qualquer idade. Mas, quando estamos lidando com crianças, a disciplina deve ser nossa em convidá-los regularmente para a prática. Contudo, a prática em si precisa ser lúdica e leve. Crie historinhas, metáforas, use bichinhos de pelúcia, ouça o seu coração — ninguém conhece o seu filho melhor do que você, então deixe que esse conhecimento o guie na melhor maneira de praticar mindfulness em família. Um exemplo claro: as filhas de Lúcia têm paixão por animais. Então, um dos focos de atenção que elas usam em suas meditações são qualidades dos bichos. Com isso, as meninas já criaram lindas meditações na força do leão e no amor do elefante, além de outros animais.

Mais algumas dicas importantes, dependendo da idade dos nossos filhos ou das crianças ou jovens a quem vamos ensinar mindfulness.

DE QUATRO A SEIS ANOS

Ao introduzir o mindfulness para crianças dessa idade, devemos convidá-las para uma brincadeira, como se a meditação fosse um jogo, algo lúdico. É preciso criar uma relação de confiança e apoio entre vocês. Seja claro nas instruções e ao mesmo tempo use uma linguagem de fácil entendimento, com exemplos tirados do dia a dia da criança. Ao final de cada exercício, conte para o seu filho como você se sente e peça a ele que lhe conte como está se sentindo, também. Muitas vezes você ficará boquiaberto ao escutar o que as crianças têm a dizer! A memória dessas brincadeiras deve ser sempre prazerosa para os seus filhos. O corpo grava a memória de tudo o que fazemos e o nosso objetivo é que as crianças estejam sempre abertas para repetir a experiência. No final do exercício, sempre agradeça e elogie a participação delas.

Nessa faixa etária, a ideia é fazer os exercícios por apenas um minutinho, no máximo dois. Com a prática, a criança poderá aumentar o tempo — sempre sinta o que o momento pede, confie na sua sabedoria interior e esteja atento aos sinais de conforto e desconforto da criança.

DE SETE A DOZE ANOS

A partir dos sete anos as crianças já conseguem compreender muita coisa e é hora de explicar para elas o que é mindfulness, como funciona e como a prática nos ajuda no dia a dia. No capítulo "É sobre o seu cérebro", indicamos exatamente como explicar às crianças dessa idade sobre o funcionamento cerebral envolvido no mindfulness.

A relação de confiança entre vocês deve ser enfatizada e o diálogo aberto tem de ser permitido em todos os momentos. Nessa idade você já vai usar uma linguagem menos infantil para explicar o exercício, mas sempre se lembre de dar exemplos a partir da realidade da criança.

Aqui é hora de aprofundar o compartilhamento das experiências internas: sensações físicas, emoções e pensamentos. Seja claro ao explicar o que vocês vão fazer e que benefícios a criança terá.

Você deve continuar sendo gentil e amoroso com ela para que a relação de confiança, de aconchego e de amor seja estreitada a cada dia. Essa confiança ajudará no seu relacionamento diário com os seus filhos, criando uma atmosfera de paz e harmonia no seu lar.

Crianças dessa faixa etária já conseguem praticar os exercícios por até cinco minutos. Sempre começando com um minuto e daí, conforme a criança vai se familiarizando com a prática, tornando-a um pouquinho mais longa.

Se você estiver com um grupo de crianças, convide uma delas para ser a líder e conduzir o exercício com as outras. Isso costuma fazer muito sucesso com meninos e meninas e não há forma melhor de aprender do que ensinar.

Alongue um pouco a pausa no fim do exercício, para que os seus filhos comecem a criar o hábito de ficar em silêncio — é através desse silêncio que conseguimos entrar no campo da pura potencialidade e desenvolver a nossa melhor versão.

Nesse estágio também é válida a introdução de desafios. Use a sua imaginação e as características das crianças para lançar desafios diários ou semanais. Novamente, fique você em silêncio para ouvir as mensagens que vêm do fundo do seu coração.

A PARTIR DE TREZE ANOS

Nesse momento o adolescente já está apto a entender com maior facilidade a introdução de algo novo na sua vida.

Mas as premissas da clareza da explicação, do relacionamento de confiança, do diálogo, do compartilhar as emoções, de todos saberem que todas as emoções são válidas, independentemente de nós as rotularmos de boas ou más, de ser flexível e gentil devem ser mantidas.

Os desafios podem ser aprofundados. As crianças sentirão orgulho de si mesmas. Vale ressaltar aqui a importância de os pais fazerem os seus filhos entenderem a dualidade do ser humano: o bom e o mal, o divino e o sagrado, o santo e o profano, a luz e a sombra, seguindo sempre a premissa de que tudo bem não estar tudo bem.

Se praticados diariamente, através desses exercícios, a memória do aquietamento e do silêncio, da compaixão, da curiosidade, a procura da nossa melhor versão estarão assimilados pelo nosso corpo e essas crianças crescerão com o hábito de terem atenção plena no momento presente, enaltecerem o silêncio da maneira que deveria ser para todos os seres humanos na face do nosso planeta.

O tempo já pode ser aumentado de acordo com a evolução da prática de cada um, podendo chegar a até vinte minutos de meditação ao final da adolescência.

Lembramos aqui também que tudo o que repetimos se torna mais forte. Se você tiver intenção, disciplina e tempo, sem dúvida colherá os resultados dessas práticas fáceis de ser acopladas no dia a dia para que virem hábitos naturais.

PRÁTICAS

Todos os exercícios a seguir ajudam você e os seus filhos a se conectarem mais consigo mesmos — corpo, mente e emoções — e, a partir daí, melhoram a sua conexão com os outros. Porque atenção plena é uma maneira de nos conectarmos com as nossas experiências internas, para que possamos fazer melhores escolhas em contato com as nossas experiências externas, e ter clareza sobre ambas.

As práticas também reforçam a importância dos valores: bondade, compaixão, amor, resiliência... Lembrando que esses e outros valores são a base para uma vida boa e feliz. E que valores precisam ser praticados e a sua prática é contagiante — portanto, prepare-se para influenciar positivamente a sua família e os amigos!

Cada exercício chama a atenção para um padrão mental de curiosidade e sem julgamento, permitindo assim que você perceba o que está lhe acontecendo. O que você sente no seu corpo? Quais são os pensamentos na sua mente? Onde, no seu corpo, você sente as emoções? A sua experiência muda ou permanece a mesma conforme você tenta exercitar uma ou várias vezes? Conforme você pratica, faça o que achar mais apropriado, agindo como o seu melhor amigo. Abra-se de maneira generosa e curiosa. E... divirta-se!

INSTRUÇÕES

Propomos aqui quatro tipos de atividade, que podem ser feitas separadamente ou combinadas numa sequência, permitindo uma prática mais longa.

EXERCÍCIOS BÁSICOS: podem ser usados para começar ou terminar todas as outras práticas ou uma prática mais longa.

RESPIRAÇÃO: Exercícios nos quais você usa a respiração de maneiras diferentes, impactando as suas emoções e níveis de energia.

ATENÇÃO PLENA: Atividades designadas para que você fortaleça a sua habilidade em se concentrar e administrar distrações, conectando-se aos seus sentimentos e pensamentos, ao mundo e a outras pessoas.

MEDITAÇÃO: Atividades que o ajudam a se tornar íntimo da sua mente, concentrando-se mais e mais sobre menos e menos.

RELAXAMENTO: Práticas para dar ao seu corpo e mente um descanso merecido.

CONTROLE DA ENERGIA

As flechas no lado direito de cada exercício mostram como a atividade pode afetar os seus níveis de energia.

Flecha para cima (↑) = prática para energizar
Flecha horizontal (↔) = prática neutra
Flecha para baixo (↓) = prática para acalmar

As práticas podem afetar as pessoas de maneiras diferentes; portanto, se indicamos que o exercício diminui o nível de energia, mas você sente que está acontecendo o contrário com você, confie e respeite a inteligência do seu corpo. Também confie e respeite o feedback dos seus filhos quando for praticar com eles. O fato de o exercício ter um impacto para você não significa necessariamente que terá o mesmo para o seu filho. Da mesma forma, em dias variados podemos sentir o exercício de maneira diferente — é assim mesmo, pois somos seres integrais, e a prática está sendo feita segundo um contexto em permanente mudança, que é a nossa vida.

COMO PRATICAR USANDO OS EXERCÍCIOS
DESTE CAPÍTULO

Escolha uma única prática: Escolha apenas um exercício para uma rápida prática de um a três minutos. Qualquer prática com crianças deve sempre se restringir a tempos curtos, para manter o caráter lúdico do mindfulness. Caso você já tenha experiência com meditação, pode também decidir se concentrar nesse único exercício por um tempo longo, de até vinte minutos.

Crie uma sequência: Combine até cinco práticas para uma prática mais longa que continua sendo lúdica e, portanto, pode perfeitamente ser feita por crianças — sempre começando com apenas uma prática, depois juntando outra, depois a terceira e assim por diante, sem pressa! A nossa sugestão para combinar práticas é a seguinte:

1. postura do Corpo Consciente;

2. exercício de respiração;

3. prática de atenção plena;

4. meditação;

5. relaxamento.

Mas sinta-se livre para fazer o que achar certo para você, montando uma composição com qualquer uma das práticas.

As reticências (...) nas instruções: Indicam uma pausa de cinco a dez segundos, para que você preste mais atenção na sua prática.

Olhos abertos ou fechados: é sempre escolha sua. Como a maioria dos exercícios é um convite para um mergulho em nossa experiência interior, sugerimos que os olhos permaneçam fechados. Mas, se ao fechar os olhos você não se sentir confortável, simplesmente escolha um ponto imóvel no chão e mantenha o olhar relaxado nele. Sempre respeite também o sentimento dos seus filhos em relação a essa questão.

O SEU EU CONSCIENTE

Vamos relembrar: o mindfulness nos ajuda a prestar mais atenção no que queremos. Também ajuda a nos aquietar quando estamos tristes, frustrados, com raiva ou quando sentimos qualquer emoção difícil.

O mindfulness nos ajuda a sermos felizes também! E nos ajuda a focar, ir bem na escola, na música e nos esportes. Também nos ajuda com os nossos relacionamentos: pais, família, amigos, professores...

Existem cinco coisas fundamentais a ter em mente ao praticarmos mindfulness:

1. A primeira coisa que nos ajuda quando queremos estar presentes é permanecer com o corpo imóvel.

2. A segunda coisa acontece automaticamente quando ficamos imóveis: tornamo-nos quietos.

3. Outra excelente ajuda é a nossa respiração. Sabe por quê? Porque podemos facilmente controlar a nossa respiração, e isso automaticamente controla as nossas emoções.

4. Nunca julgamos os nossos sentimentos quando praticamos mindfulness. Sentimentos e emoções não são bons nem ruins, eles apenas são. Mas sempre que identificamos quaisquer sentimentos desconfortáveis, lembre-se de que permanecer em atenção plena nos ajuda a lidar com eles, como você vai aprender.

5. Por fim, lembre-se de que tudo que é novo para nós pode parecer estranho ou difícil. Mas essa é apenas a primeira impressão. Conforme entendemos o que estamos fazendo e continuamos a manter a prática, começamos a curtir muitas coisas que antes achávamos que não poderíamos.

Aproveite a sua prática de mindfulness e seja feliz!

EXERCÍCIOS

EXERCÍCIO BÁSICO ↔
CORPO CONSCIENTE — Postura sentada

A primeira coisa que nos ajuda quando queremos estar presentes no aqui e agora é permanecer com o corpo quieto.

O Corpo Consciente é a prática de permanecer quieto, parado, equilibrado e seguro. Se você perceber que os seus dedos se mexem, apenas faça com que eles parem. Se você perceber qualquer parte do seu corpo se mexendo, apenas faça o movimento parar.

Pense em você como um rei ou uma rainha: mantenha as costas eretas e o seu corpo confortável e quieto. Imagine um ganchinho puxando o topo da sua cabeça para cima, de maneira suave.

Você pode escolher sentar-se no chão ou numa cadeira. Se você escolher o chão, tente diferentes posturas, como se sentar com as pernas cruzadas ou com um tornozelo em frente ao outro, ou com um tornozelo em cima do outro. Se você preferir uma cadeira, certifique-se de que os seus pés estejam bem apoiados no chão.

Observe como você se sente na versão sentada do Corpo Consciente... Perceba como os pensamentos e as emoções diminuem... E desfrute desse momento.

EXERCÍCIO BÁSICO ↔
CORPO CONSCIENTE — Postura em pé

Leia primeiro sobre o "Corpo Consciente — Postura sentada".

Agora você pode aprender o "Corpo Consciente — Postura em pé", também conhecida como a postura da Montanha na ioga (*Tadasana*, em sânscrito).

De pé, pernas e pés paralelos, deixe os seus braços descansarem na lateral do corpo, com as mãos voltadas para dentro.

Imagine um ganchinho que puxa o topo da sua cabeça para cima em direção ao céu e ao mesmo tempo sinta os seus pés muito pesados, conectando-o com o chão. Puxe os músculos das suas pernas para cima e deixe os joelhos retos, mas não travados. Imagine-se como uma montanha: forte e estável, mas também confortável e sobretudo não tenso.

Mantenha o queixo paralelo ao chão. Traga os ombros para cima, para trás e para baixo, relaxando-os numa postura confortável. Abra o peito e imagine-se abrindo o seu coração, também. Permita que os seus músculos faciais relaxem.

Perceba como você se sente na postura da Montanha e curta essa estabilidade... Considere permanecer alguns momentos na postura da Montanha cada vez que você se levantar, para se estabilizar e se conectar profundamente com o seu corpo.

EXERCÍCIO BÁSICO ↓
RESPIRAÇÃO COMPLETA (RESPIRAÇÃO ABDOMINAL)

Assuma o seu "Corpo Consciente — Postura sentada" ou "Postura em pé". Você também pode se deitar, se preferir.

Ponha uma mão no seu peito e a outra no abdômen. Imagine que o seu abdômen é um grande balão, que você vai encher com ar e depois esvaziar, a cada ciclo de respiração. Comece a respirar profundamente, com a intenção de levar o ar até o seu abdômen, sem deixar que ele pare na altura do peito. Imagine que você está enchendo todo o balão...

Quando você inspira, primeiramente encha o abdômen, depois o peito... Quando você expira, primeiro esvazie o peito, depois o abdômen... Use as mãos para sentir o seu corpo se expandindo enquanto você inspira e se contraindo conforme você expira.

Com gentileza, imprima ritmo à respiração, contando mentalmente:

- conte 3 enquanto inspira;

- conte 3 enquanto mantém os pulmões cheios;

- conte 3 enquanto expira;

- conte 3 enquanto mantém os pulmões vazios.

Faça cinco respirações completas sozinho. Sinta os efeitos desse exercício respiratório no seu corpo, na mente e nas emoções... Aproveite. Quando estiver pronto, abra os olhos.

DICA

Quando for praticar esse exercício pela primeira vez ou quando for ensiná-lo a uma criança, deite-se. Na postura deitado é mais fácil perceber a movimentação do ar pelo corpo, preenchendo todo o pulmão e pressionando o diafragma — que é o que faz o abdômen distender. Funciona muito, com crianças pequenas, pôr um bichinho de pelúcia pequeno sobre a barriguinha dela e mostrar como o bichinho sobe e desce conforme ela inspira e expira.

EXERCÍCIO BÁSICO ↓
RESPIRAÇÃO CONSCIENTE

Estamos sempre respirando, mas quantas vezes prestamos realmente atenção na nossa respiração? Vamos ver o que sentimos quando nos concentramos na nossa respiração?

Assuma o seu "Corpo Consciente — Postura sentada" ou "Postura em pé". Apenas respire normalmente, como você sempre faz...

Feche os olhos e comece a aprofundar a respiração, prestando atenção ao ar que entra e sai do seu corpo... Perceba como o seu nariz, o seu peito e o seu abdômen se sentem conforme o ar entra e sai... Onde você sente que a sua respiração é mais fácil?

Agora, a cada vez que você inspira, diga para si mesmo, mentalmente: "inspirando". Conforme você expira, diga a você mesmo, mentalmente: "expirando".

Alongue as palavras durante toda a respiração. Vamos praticar por um minuto: "inssspiiirannnnndo", "exppppiiiiirando"...

Faça mais cinco respirações sozinho, mentalmente, repetindo as palavras-âncora.

Quando você terminar, observe como o seu corpo e a sua mente se sentem... E, quando estiver pronto, abra os olhos.

DICA

Esse é um ótimo exercício para crianças porque a repetição mental das palavras as ajuda a se concentrarem na respiração e a começarem a perceber como o seu corpo trabalha na inspiração e na expiração.

EXERCÍCIO BÁSICO ↓
ÂNCORA RESPIRATÓRIA

Assuma o seu "Corpo Consciente — Postura sentada".

Comece fazendo a "Respiração Completa".

Vá prestando atenção onde você sente mais claramente o seu corpo respirando. Para algumas pessoas, o ato de respirar é mais sentido nas narinas; para outras, nas costelas; para outras, ainda, no peito ou mesmo no topo do lábio superior.

Sem pressa, investigue em que ponto você percebe a respiração com mais facilidade. Essa é a sua Âncora Respiratória.

Então, concentre toda a sua atenção na Âncora: como ela se comporta na inspiração; na retenção do ar; na expiração; e quando o corpo está vazio de ar...

Se desejar, ponha uma mão ou as duas na Âncora Respiratória; isso pode ajudá-lo a se concentrar nesse ponto.

Antes de encerrar a atividade, tire a atenção da Âncora e faça um check-in do seu corpo: como estão agora os seus pensamentos, as suas emoções, as suas sensações físicas? Por alguns segundos note os efeitos do exercício... E então, abra os olhos.

DICA

A "Âncora Respiratória" é um exercício que você pode fazer todos os dias ao acordar. Ele é ótimo como primeira atividade de mindfulness do dia. Também é muito bom fazê-lo ao longo do dia, em doses pequenas, de um ou dois ciclos respiratórios, para nos manter conectados com o aqui e o agora.

EXERCÍCIO RESPIRATÓRIO ↑
RESPIRAÇÃO DA FELICIDADE

Assuma o seu "Corpo Consciente — Postura em pé".

Faça a "Respiração Consciente" por algumas vezes.

Ponha os pés separados na largura dos quadris e dobre os joelhos, suavemente. Mantenha os olhos fechados.

Nesta prática, combinamos movimentos dos braços, respiração e som. Você vai inspirar pelo nariz três vezes, usando uma respiração curta, e depois expirar através da boca com um longo e agradável som "haaaaaaa".

1. Inspire curtinho através do nariz enquanto alonga os braços à sua frente, paralelos com o chão.

2. Inspire curtinho novamente enquanto traz os braços para os lados.

3. Inspire curtinho uma terceira vez, trazendo os braços acima da cabeça.

4. Expire deixando os braços soltos para baixo, ao longo do corpo, inclinando-o para a frente. Esvazie os pulmões através da boca enquanto você grita o som de alívio: "haaaa".

5. ...

Repita a sequência por um minuto. Comece devagar e em seguida siga o ritmo da sua respiração, acelerando um pouquinho.

Quando estiver pronto para terminar, assuma o seu "Corpo Consciente — Postura em pé", e apenas respire profundamente enquanto observa o que você sente...

DICA

Essa respiração promove o alívio, a alegria e o otimismo, qualidades importantíssimas para serem cultivadas no nosso dia a dia. É uma prática que faz sucesso com as crianças por coordenar movimento com respiração e som. Indicada também quando nos sentimos desanimados ou entristecidos.

EXERCÍCIO RESPIRATÓRIO ↓
RESPIRAÇÃO RELAXANTE

Nesta prática, vamos gradualmente fazer com que o tempo da sua expiração seja mais longo que o da inspiração. Esse padrão respiratório desencadeia uma resposta de relaxamento no seu corpo, oposta à resposta do estresse. Quando ativamos a resposta do relaxamento, acalmamos o corpo, os pensamentos e as emoções.

Assuma o seu "Corpo Consciente — Postura sentada" ou, se preferir, deite-se.

Com os olhos fechados, silenciosamente conte a sua respiração, começando por um padrão uniforme:

- inspire 1, 2;

- expire 1, 2.

Repita por quatro vezes.

Agora, torne a sua expiração mais longa:

- inspire 1, 2;

- expire 1, 2, 3.

Repita por mais quatro vezes.

Ao terminar, mantenha os olhos fechados e faça a "Respiração Consciente" algumas vezes, observando como você se sente... Quando estiver pronto, abra os olhos.

Essa respiração promove uma atitude imediata de relaxamento necessário como recuperação do estresse.

DICA

Essa é uma respiração excelente para fazer quando nos sentimos estressados. Por exemplo, antes de uma reunião difícil ou depois de ter enfrentado um problema. Ensine as crianças a respirarem assim antes de entrar num jogo esportivo ou numa prova. O relaxamento permite que a nossa performance melhore.

EXERCÍCIO RESPIRATÓRIO ↑
RESPIRAÇÃO DO ABRAÇO

Assuma o seu "Corpo Consciente — Postura sentada".

1. Com os olhos abertos ou fechados, respire pelo nariz... Conforme você curva as costas, solte o peito e o abdômen para a frente, abra os braços lateralmente e curve a cabeça para trás.

2. Feche os olhos e expire pelo nariz... enquanto faz isso, contraia a região do umbigo, arredonde as costas, envolva o seu corpo com as mãos abraçando a si mesmo e solte a cabeça para baixo, em direção ao peito.

Sempre que inspirar, imagine que o seu corpo está se tornando muito grande e cheio. Veja e sinta-se a si mesmo repleto de autoconfiança e alegria...

Enquanto você expira, imagine que está se tornando muito pequeno, como um bebê... e sinta o conforto que o seu próprio abraço pode lhe proporcionar...

Assim que terminar, faça a "Respiração Consciente" por um tempo. Permaneça quieto por um momento e observe como se sente... Quando estiver pronto, abra os olhos.

DICA

Você está precisando de uma dose de autoconfiança? A prática dessa respiração é ótima para momentos como esses!

Ela ensina a tolerância e aceitação dos nossos limites e treina a autocompaixão. Ao mesmo tempo, nos dá confiança para superarmos os obstáculos. É muito importante que as crianças aprendam que somos seres com dualidade e que devemos aceitar com leveza os nossos limites. Desenvolvendo primeiro a autocompaixão, as crianças podem dar um passo além em direção à compaixão pelos outros, tornando-se dessa maneira instrumentos para a criação de um mundo melhor.

EXERCÍCIO RESPIRATÓRIO ↔
RESPIRAÇÃO DAS NARINAS ALTERNADAS

Nesta prática, você vai usar os dedos para fechar as narinas, uma de cada vez, e alternar a respiração através de cada uma delas.

Assuma o seu "Corpo Consciente — Postura sentada".

1. Traga a mão direita para o nariz. Apoie o dedão e o dedo anular em cada narina. Agora obstrua a narina direita com o seu dedão. Inspire através da narina esquerda que está aberta.

2. Agora, obstrua a narina esquerda com o dedo anular e desobstrua a narina direita, para expirar.

3. Inspire através da narina direita que está aberta (a mesma pela qual você expirou).

4. Obstrua a narina direita e abra a esquerda para expirar.

5. Inspire novamente através da narina esquerda (a mesma pela qual você expirou) para começar outro ciclo completo.

Continue alternando e sempre mude a narina com os pulmões cheios de ar. Vá devagar e inspire profundamente.

Quando você terminar, faça a "Respiração Completa" algumas vezes... Permaneça quieto por alguns momentos e perceba como você se sente... Gentilmente, abra os olhos.

DICA

Essa prática relaxa, descontrai, equilibra as emoções e proporciona clareza mental. As crianças costumam achar divertido o trabalho com as narinas alternadas, assim que pegam o jeito de fazer o exercício.

ATENÇÃO PLENA ↔
OBSERVADOR DAS EMOÇÕES

Assuma o seu "Corpo Consciente — Postura em pé".

Faça a "Respiração Completa" algumas vezes. Olhos fechados.

Comece mentalmente perguntando a si mesmo: "Quais são as emoções que estou sentindo agora?"...

Talvez você perceba que sente mais de uma emoção. Às vezes, você pode sentir duas coisas ao mesmo tempo, como: "me sinto feliz e confortável" ou "me sinto sozinho e bravo". Você pode até sentir duas coisas que parecem diferentes, como: "me sinto triste e feliz" ou "me sinto nervoso e excitado". Tudo bem, é assim mesmo.

Foque apenas na identificação dos sentimentos, sem se preocupar com as suas causas. Também não julgue nem os seus sentimentos nem os seus pensamentos. Eles não são bons nem ruins, apenas são.

Uma vez que você tenha identificado o que sente, sem julgar, com compaixão e curiosidade, perceba: você não é as suas emoções... Podemos fazer uma comparação com o céu: você é como o céu, as emoções (bem como os pensamentos) são como as nuvens que passam nesse céu. Portanto, você é muito maior que as emoções que está sentindo agora. E não importa o que seja que você está sentindo — isso vai passar.

Sempre respirando profundamente, encontre o seu estado de paz interior... Se desejar, utilize a "Respiração Consciente" ou a "Âncora Respiratória".

Antes de terminar, faça o check-in de como você está agora comparado a como estava antes de fazer o exercício... Quando estiver pronto, abra os olhos.

DICA

Quando estamos praticando mindfulness com crianças, muitas vezes temos de ajudá-las a reconhecer e expressar o que sentem. Às vezes elas ainda não têm o vocabulário emocional desenvolvido. Conversar antes de fazer o exercício, expressar os seus sentimentos e até como eles aparecem no seu corpo (como um nó no estômago se você sente angústia) são boas ideias. Este é um excelente exercício para a criança ir amadurecendo emocionalmente e, assim, desenvolvendo equanimidade, tolerância e aceitação.

ATENÇÃO PLENA ↔
MINDFUL EATING (ALIMENTAÇÃO MINDFUL)

Nesta prática exploramos todas as sensações captadas pelos nossos cinco sentidos ao comermos uma uva-passa. Você pode experimentar com qualquer outro alimento. O ideal é fazer três vezes:

1. Faça de olhos abertos e, se estiver com outras pessoas, troquem impressões sobre o que observam diretamente, sem julgar. Por exemplo: vale dizer "a uva-passa é preta e úmida"; não vale dizer "a uva-passa é bonita"; ou ainda vale dizer "a uva-passa tem um sabor adocicado", mas não vale dizer "tem um sabor horrível".

2. Repita o exercício todo, ainda de olhos abertos, mas agora em completo silêncio.

3. Repita o exercício todo, mas assim que terminar a parte da visão, feche os olhos e faça todo o restante de olhos fechados.

Assuma o seu "Corpo Consciente — Postura sentada".
Faça a "Respiração Completa" algumas vezes.

VISÃO: Explore a uva-passa com os olhos... Perceba a sua cor. Ela é uniforme ou varia? A sua pele brilha ou é fosca? Há reentrâncias? Há sombras? O que mais você pode ver?

TOQUE: Pegue uma uva-passa. Primeiro explore a uva-passa com as mãos... Perceba se ela é leve ou pesada, se é dura ou mole, perceba sensações de umidade, aspereza, relevo, textura, temperatura.

AUDIÇÃO: Segure a uva-passa perto do ouvido e levemente arranhe a sua superfície. Você pode ouvir algum som?... E se você a chacoalhar?

OLFATO: Leve a uva-passa até o nariz e cheire... Depois, tente arranhar ligeiramente a pele e perceba se os cheiros mudam.

PALADAR: Dê uma mordida. Não mastigue ainda. Perceba o que você sente com a uva-passa na sua boca e o seu gosto... Agora, morda devagar e perceba tudo: sabor, sensação, os seus pensamentos... O sabor da fruta de dentro e de fora da uva-passa é diferente? Você a sente descendo pela garganta conforme engole?

Antes de abrir os olhos, perceba o que o exercício transformou em você: pensamentos, emoções, sensações físicas.

DICA

Esse exercício é excelente para quem deseja fazer uma reeducação alimentar. Ele nos proporciona mais prazer na alimentação e aumenta a saciedade. Para as crianças, é uma ótima prática, que vai desde cedo as ensinando a apreciar os alimentos e entender os sinais do seu corpo, para que não comam demais ou de menos. Simplificada, essa prática pode ser feita com a primeira garfada de uma refeição, diariamente.

ATENÇÃO PLENA ↔
ESCUTA ATIVA

Esta prática é feita em duplas e se trata de abrir um espaço para que uma pessoa possa falar tendo certeza de que quem ouve está exercendo curiosidade e compaixão. Trata-se da escuta ativa, diferente do que geralmente fazemos quando ouvimos alguém: em geral, estamos distraídos ou pensando no que vamos responder.

Tópicos interessantes para a prática: o que o deixa feliz ou orgulhoso; como lidar com alguma coisa quando você se sente confortável ou desconfortável.

Assuma o seu "Corpo Consciente — Postura sentada".

Faça a "Respiração Completa" algumas vezes.

Estabeleça dois minutos e vá trocando o papel daquele que fala e do que escuta por esse período de tempo cada um.

Quando for a sua vez de falar, perceba como se sente ao falar sem interrupções ou perguntas.

Quando for a sua vez de ouvir, seja um ouvinte ativo:

1. Preste atenção no seu parceiro, permaneça focado e demonstre que você está seguindo a conversa. Você pode sorrir, acenar, dizer coisas como "Eu escuto você". Mas não faça nenhuma pergunta nem interrompa ou faça comentários.

2. Se houver silêncio, tudo bem. Apenas espere até que a pessoa que está falando queira falar novamente ou até que o tempo termine.

3. Também perceba os seus próprios pensamentos, sentimentos e sensações físicas enquanto está ouvindo. É um desafio? Você fica ansioso esperando pela sua vez de falar?

DICA

Essa é uma ótima prática para casais e para pais e filhos, pois abre espaço para que um realmente esteja presente para o outro. Ensina às crianças a importância de escutar os outros, desenvolvendo assim empatia e compaixão.

ATENÇÃO PLENA ↔
CORAÇÃO GENEROSO

Alguma vez você já deu ou compartilhou algo somente porque quis? Você se lembra como se sentiu? Quando damos porque queremos dar, nos sentimos bem por dentro. Esse sentimento se chama generosidade. E você sabe o que acontece quando somos generosos? O nosso coração se sente feliz! E podemos ser generosos de maneiras diversas, a cada dia. Vamos imaginar algumas maneiras.

Assuma o seu "Corpo Consciente — Postura sentada".

Faça a "Respiração Completa" algumas vezes.

Feche os olhos. Imagine que:

- Um conhecido seu está com as mãos cheias, tentando equilibrar sacolas e outras coisas. Você oferece ajuda. O outro lhe sorri e diz obrigado. Perceba como se sente.

- Você está trabalhando e alguém do seu lado deixa cair um cartão. Você se abaixa e ajuda a pegá-lo. Perceba como se sente...

- Você é o primeiro da fila para fazer algo agradável (tomar um sorvete; embarcar...). Mas você percebe que alguém está muito ansioso para fazer aquilo também. Você oferece para que ele entre na sua frente. Perceba como se sente.

- Você diz algo gentil para alguém. Perceba como se sente...

Você pode imaginar muitas outras situações nas quais pode ser generoso. Perceba como elas o fazem se sentir.

DICA

Atos de gentileza, bondade, compreensão e compaixão acionam os circuitos cerebrais de recompensa no nosso cérebro, aumentando o nosso bem-estar. Nessa prática de visualização, esses mesmos circuitos são ativados, fortalecendo os caminhos neuronais que nos farão querer cada vez mais sermos bons, gentis, compreensivos e compassivos. É uma excelente prática para crianças, desde cedo reforçando a sua capacidade de impactar positivamente os que a cercam e nutrindo a sua felicidade. Nesse caso, use exemplos do dia a dia da criança, que envolvam amiguinhos da escola, professores, hobbies etc.

MEDITAÇÃO ↑
O MEU SOL PARTICULAR

Assuma o seu "Corpo Consciente — Postura sentada".

Faça a "Respiração Completa" algumas vezes.

Feche os olhos. Una as suas mãos à frente e esfregue as palmas com vigor, mais e mais rápido, para gerar calor. Quando as suas mãos estiverem quentes, aos poucos pare de esfregá-las. Mantenha as palmas unidas e imagine que entre elas existe uma bola de luz pequena, mas extremamente poderosa. Essa luz é o seu próprio sol, que lhe fornece energia todos os dias.

Enquanto você inspira, lentamente separe as mãos e visualize o seu sol se expandindo, expandindo, expandindo... Sinta a energia fluindo através das mãos, indo para cada célula do seu corpo, dando-lhe muita energia. Quando você expirar, lentamente una as mãos de novo, apertando com delicadeza a sua bola de luz.

Com cada inspiração, sinta a sua energia se expandindo um pouco mais... Com cada expiração, imagine a energia do seu sol aumentando conforme você a aperta, para voltar ainda mais poderosa com a próxima inspiração.

Pratique por dois minutos. Quando terminar, perceba como se sente... Então, quando estiver pronto, abra os olhos.

DICA

Essa prática alimenta a nossa energia, resiliência e otimismo, ensinando-nos a confiar no nosso próprio poder, o que traz alívio aos corações agitados. Também eleva a autoestima das crianças, fortalecendo o seu caráter e, logicamente, o seu poder de resiliência.

MEDITAÇÃO ↔
MEDITAÇÃO DA GRATIDÃO

Gratidão é apreciação por todas as boas coisas da sua vida, não importando se grandes ou pequenas.

Pense nas pessoas ou coisas pelas quais você agradece na sua vida. Como você se sente com a gratidão? Vamos meditar no sentimento da gratidão.

Assuma o seu "Corpo Consciente — Postura sentada".

Faça a "Respiração Completa" algumas vezes.

1. Imagine que você está mergulhando no seu peito, entrando em contato com o seu coração. Comece a sentir a gratidão fluindo do seu coração para todo o seu corpo, em forma de luz dourada que fica cada vez mais brilhante...

2. Pense sobre todas as boas coisas que você tem na vida e pelas quais você sente gratidão. Gratidão pela sua casa, sua família, gratidão por escolhas, por estar respirando, por este momento de cuidado com você mesmo...

3. Foque nesse sentimento de gratidão e repita mentalmente, por alguns momentos: Eu sou grato (a)...

Quando a sua mente divagar, apenas perceba e gentilmente a traga de volta, focando na luz dourada e no sentimento de gratidão.

Comece praticando por um minuto e aos poucos aumente o tempo. Quando terminar, fique sentado, quieto, por alguns segundos, e preste atenção no seu corpo, pensamentos e emoções... Abra os olhos quando for confortável.

DICA

A gratidão é a chamada "mãe" das intervenções positivas — ou seja, um sentimento que quando cultivado dá início a uma série de posturas positivas em relação à vida. Gratidão acalma e faz com que o corpo libere ocitocina e dopamina, ligados ao sentimento de bem-estar. A sua vibração energética é extremamente benéfica. Quanto mais cedo as crianças aprendem a cultivar a gratidão, melhor para a formação de uma postura otimista e resiliente.

MEDITAÇÃO ↔
MEDITAÇÃO DA PAZ

O que vem à sua mente quando você pensa sobre paz?

A paz está sempre ao seu alcance — dentro do seu coração. Não depende das circunstâncias ao redor. Lembre-se sempre: não existe caminho para a paz; a paz é o caminho, como tão bem resumiu Gandhi. Vamos meditar na paz.

Assuma o seu "Corpo Consciente — Postura sentada".

Faça a "Respiração Completa" algumas vezes.

1. Imagine que você está mergulhando dentro do seu peito, entrando em contato com o seu coração. Perceba um ponto de luz crescendo nele: é a sua paz duradoura.

2. Quando você inspira, veja esse ponto de luz se tornando maior e maior, enchendo o seu coração com paz...

3. A cada expiração, esse sentimento de paz cresce e transborda — para que você tenha muito para compartilhar...

4. Mentalmente, continue repetindo: Paz...

5. Com o seu coração e corpo totalmente repletos de paz, crie um fluxo que vai do coração para toda a sua família, amigos, comunidade, e todo o mundo. Imagine esse fluxo de paz atingindo todas as pessoas, lugares e animais da Terra...

Quando a sua mente divagar, simplesmente perceba e gentilmente a traga de volta para focar na paz. Ao final, perceba como se sente... Quando estiver pronto, gentilmente abra os olhos.

DICA

Esta meditação é excelente para fazer sempre, mas pode ser especialmente benéfica quando atravessamos períodos mais atribulados, pois resgata e fortalece a nossa capacidade de estar em paz mesmo em meio aos problemas. A partir daí, temos mais força para enfrentar o que quer que seja. Quando for praticar com os seus filhos, peça que envolvam em paz os amiguinhos, as crianças com quem têm dificuldades, os professores, os vizinhos... Quanto mais exemplos do dia a dia da criança, mais ela se relacionará com a meditação.

MEDITAÇÃO ↔
O SÁBIO INTERIOR

Esta prática nos põe em contato com o nosso sábio interior, dentro do nosso coração. Essa ideia representa a nossa intuição e capacidade de melhor entendimento das pessoas à nossa volta e das situações que encontramos. Você sabia que o seu sábio interior tem muito a lhe dizer? Aprenda a ouvir! Fazemos isso mergulhando no silêncio.

Assuma o seu "Corpo Consciente — Postura sentada".

Faça a "Respiração Completa" algumas vezes. Feche os olhos.

1. Traga a sua atenção para o coração. Imagine-o batendo, repleto de amor e sabedoria.

2. Imagine um sábio sentado dentro do seu coração. Comece a conversar com ele ou ela: pergunte ao sábio que mensagem ele tem para você hoje...

3. Não julgue, somente ouça. A princípio você pode não ouvir nada, mas continue atento.

Uma vez que você tenha aprendido como ouvir o seu sábio, o seu coração vai lhe dizer o que você precisa saber.

Sempre ouça as mensagens do seu sábio interior e seja grato por poder acessá-lo quando quiser.

Quando a sua mente divagar, apenas perceba e gentilmente a traga de volta, concentrando-se no seu mago. Antes de terminar, perceba como se sente... E então, gentilmente, abra os olhos.

DICA

A ideia do mago costuma fazer muito sucesso com as crianças e é uma imagem poderosa que as torna fortes para enfrentar qualquer situação. Essa meditação nos deixa atentos à nossa sabedoria interna, que muitas vezes não percebemos. Ao mergulhar no silêncio, vamos nos tornando mais íntimos de nós mesmos e isso tem repercussões em todas as áreas da nossa vida.

MEDITAÇÃO ↔
MEDITAÇÃO NA COMPAIXÃO

Uma das meditações mais estudadas do mundo em universidades, a Meditação na Compaixão, também chamada de Bondade Amorosa (Loving Kindness, em inglês) tem raízes no budismo e é composta de etapas. Por ser uma meditação mais longa, nós a separamos em quatro pequenas meditações distintas. A ideia é que você comece com a prática feita em partes mas, com o tempo, faça a meditação completa, sempre seguindo a ordem dos passos indicada abaixo. Para as crianças, dê sempre essa meditação em partes, a fim de manter o tempo de concentração adequado para elas.

MEDITAÇÃO NA COMPAIXÃO I: FAMÍLIA & AMIGOS

Esta prática nos ensina que só podemos dar o que nós temos. Então, para podermos ser compassivos e desejar o bem aos outros, precisamos treinar a autocompaixão e nos preencher de tudo o que é bom. Fazemos isso invocando a presença de pessoas que amamos e que sabemos que nos amam muito também, para que elas nos desejem tudo de bom. Essas pessoas podem estar ou não na nossa vida hoje, e podem até já ter falecido. O fluxo da energia do universo é mantido pela nossa capacidade de dar e receber. E nesta prática treinamos a compaixão universal, reconhecendo que todos temos os mesmos desejos básicos.

Assuma o seu "Corpo Consciente — Postura sentada".

Faça a "Respiração Completa" algumas vezes. Feche os olhos.

1. Imagine alguém que você ama muito em pé, ao seu lado direito. Sinta todo o amor que essa pessoa nutre por você. E perceba que ela está lhe mandando os melhores desejos, repetindo este conjunto de frases, mentalmente, por três vezes:

   • Que você tenha saúde...

   • Que você tenha segurança...

   • Que você tenha paz...

   • Que você seja feliz...

2. Agora perceba que essa pessoa que o ama muito é exatamente como você e só quer as mesmas coisas da vida: ser saudável, segura, forte

e feliz. Então, mande esses desejos de volta a ela (repita o conjunto de frases abaixo por três vezes):

- Assim como eu desejo para mim, que você também tenha saúde...

- Assim como eu desejo para mim, que você também tenha segurança...

- Assim como eu desejo para mim, que você também tenha paz...

- Assim como eu desejo para mim, que você também seja feliz...

3. Imagine-se agora rodeado por pessoas que você ama e que você sabe que o amam muito. E perceba que todas estão lhe mandando os melhores desejos (repita os desejos do passo 1, sempre por três vezes).

4. Perceba que as pessoas que você ama são exatamente como você e querem as mesmas coisas da vida: saúde, segurança, paz e felicidade. Então, mande esses desejos de volta para elas (repita os desejos do passo 2, sempre por três vezes).

Agora reflita sobre a sua experiência. Como você se sentiu quando recebeu os desejos das pessoas amadas? E quando você enviou os desejos de volta para elas? Faça o seu check-in: percebendo sensações físicas, emoções e pensamentos agora e como se comparam com o seu estado antes da meditação... Quando estiver pronto, gentilmente abra os olhos.

MEDITAÇÃO NA COMPAIXÃO 2 — PESSOAS NEUTRAS

Assuma o seu "Corpo Consciente — Postura sentada".
Faça a "Respiração Completa" algumas vezes. Feche os olhos.

1. Siga os passos 3 e 4 da "Meditação na Compaixão 1 — Família & Amigos". Dessa maneira você se nutre de tudo de bom e deseja a mesma coisa aos entes queridos.

2. Agora, imagine alguém que você não conhece bem. Pode ser alguém que lhe preste um serviço, ou alguém que você veja frequentemente mas nem sabe quem é. Perceba que essa pessoa que você não conhece bem é exatamente como você e quer as mesmas coisas da vida: saúde, segurança, paz e felicidade. Então, mande esses mesmos desejos para essa pessoa, repetindo mentalmente as frases abaixo, cada conjunto de frases por três vezes:

- Assim como eu desejo para mim, que você também tenha saúde...

- Assim como eu desejo para mim, que você também tenha segurança...

- Assim como eu desejo para mim, que você também tenha paz...

- Assim como eu desejo para mim, que você também seja feliz...

Agora reflita sobre a sua experiência... Como você se sentiu quando recebeu os desejos das pessoas que ama? Como se sentiu quando mandou os desejos de volta a elas? E como se sentiu quando direcionou os seus melhores sentimentos a alguém que você não conhece bem e por quem você não nutre sentimentos? Quando terminar, gentilmente abra os olhos.

MEDITAÇÃO NA COMPAIXÃO 3 — ALGUÉM DIFÍCIL
PARA VOCÊ

Assuma o seu "Corpo Consciente — Postura sentada".
Faça a "Respiração Completa" algumas vezes. Feche os olhos.

1. Siga os passos 3 e 4 da "Meditação na Compaixão 1 — Família & Amigos".

2. Agora imagine alguém com quem você tenha uma relação difícil. (Para as crianças, dê sugestões como a irmã ou irmão quando eles as deixam loucas, ou um colega de escola com o qual elas têm algum

118

problema, ou um professor com o qual elas não se dão muito bem). Perceba que essa pessoa é exatamente como você e quer as mesmas coisas da vida: saúde, segurança, paz e felicidade. Então, mande esses mesmos desejos para ela, repetindo o conjunto de frases por três vezes.

- Assim como eu desejo para mim, que você também tenha saúde...

- Assim como eu desejo para mim, que você também tenha segurança...

- Assim como eu desejo para mim, que você também tenha paz...

- Assim como eu desejo para mim, que você também seja feliz...

Agora você pode refletir sobre a sua experiência... Como você se sentiu quando recebeu os desejos das pessoas que ama? Como se sentiu quando mandou os desejos de volta para elas? Como se sentiu quando direcionou os melhores desejos para alguém com quem você tem algum problema? Quando terminar, gentilmente abra os olhos.

DICA

Esse passo da Meditação na Compaixão é o mais difícil de todos, pois nos pede para enviar os nossos melhores sentimentos a quem nos causa sofrimento. É normal ter alguma dificuldade para fazê-lo, mas continue tentando e você verá como essa prática é poderosa para trazer leveza e paz para a nossa vida. Para as crianças, esse é um ensinamento valioso, que as tornará pessoas muito mais inteligentes no relacionamento. Escolas que enfrentam problemas com *bullying* podem adotar a prática de iniciar o dia com esta meditação. Ao reconhecermos a nossa humanidade compartilhada, fica muito mais difícil desejarmos o mal ou fazermos o mal a alguém.

MEDITAÇÃO NA COMPAIXÃO 4 — TODO O PLANETA

Assuma o seu "Corpo Consciente — Postura sentada".
Faça a "Respiração Completa" algumas vezes. Feche os olhos.

1. Siga os passos 3 e 4 da "Meditação na Compaixão 1 — Família & Amigos".

2. Agora imagine o planeta Terra, uma linda bola azul flutuando no vasto universo. Perceba que todos os seres vivos neste planeta são como você e apenas querem as mesmas coisas da vida: saúde, segurança, paz e felicidade. Então, mande esses mesmos desejos para todos neste planeta, repetindo mentalmente o conjunto de frases abaixo por três vezes:

   - Assim como eu desejo para mim, que todos os seres vivos também tenham saúde...

   - Assim como eu desejo para mim, que todos os seres vivos também tenham segurança...

   - Assim como eu desejo para mim, que todos os seres vivos também tenham paz...

   - Assim como eu desejo para mim, que todos os seres vivos também sejam felizes...

Agora você pode refletir sobre a sua experiência... Como você se sentiu quando recebeu os desejos das pessoas que ama? Como se sentiu quando mandou os desejos de volta para elas? Como se sentiu quando mandou os desejos para todos os seres no planeta Terra? Quando estiver pronto, gentilmente abra os olhos.

DICA

Ao menos uma vez por semana, pratique a Meditação na Compaixão. As suas quatro etapas são realmente poderosas para o desenvolvimento da autocompaixão e da compaixão na nossa vida. No caso das crianças, quanto mais cedo elas aprendem essa meditação belíssima, melhor. A sua prática ensina a criança a cuidar de si mesma, a desejar o melhor para as pessoas próximas (como família e amigos), assim como para pessoas distantes e para aquelas de quem a gente nem gosta, porque nos causam sofrimento em algum nível. Por fim, a criança aprende a doar energia para o planeta através da sua atenção e intenção. Dessa maneira, todos nos tornamos cocriadores de um mundo melhor.

RELAXAMENTO ↓
CONTAGEM REGRESSIVA

Assuma o seu "Corpo Consciente — Postura sentada".

Faça a "Respiração Completa" algumas vezes. Feche os olhos.

Comece inspirando e expirando pelo nariz, profunda e confortavelmente. Ponha as mãos no colo ou sobre as coxas, como você preferir.

1. Conforme inspira, mentalmente conte de 1 a 5, levantando um dedo de cada vez: 1, 2, 3, 4, 5.

2. Pause por um momento e concentre-se no espaço entre a inspiração e expiração...

3. Expire lentamente pelo nariz, voltando com os dedos, um por vez, e contando mentalmente: 5, 4, 3, 2, 1.

Repita essa sequência várias vezes, com a intenção de encontrar o seu equilíbrio interior. Quando terminar, continue com os olhos fechados e o seu corpo quieto por um momento, percebendo como se sente...

DICA

Ao acoplarmos a respiração a um movimento, é mais fácil prendermos a nossa atenção. Esse relaxamento tão simples é, ao mesmo tempo, muito poderoso. É importante lembrar que as crianças e os adolescentes precisam relaxar também. Aliás, vários autores consideram que o maior problema hoje não é o aumento de estresse, mas a falta de tempo de recuperação do estresse — ou seja, a falta de oportunidades para o relaxamento. Traga para a sua vida, e ensine os seus filhos a trazer para a deles, desde cedo, pequenos momentos de aquietamento, várias vezes ao dia.

RELAXAMENTO ↓
GATO SE ALONGANDO

Você já viu um gato se alongando? Ele curva as costas e alonga todos os músculos. Pois a ideia aqui é inspirar-se no gato para liberar a tensão. O exercício pode ser feito de pé ou sentado. Caso esteja numa cadeira, sente-se na borda.

Assuma o seu "Corpo Consciente — Postura sentada".

Faça a "Respiração Completa" algumas vezes.

1. Inspire profundamente enquanto estica os braços para trás, abrindo e projetando o seu peito para a frente e curvando ligeiramente a cabeça para trás, com os olhos voltados para o teto.

2. Expire enquanto traz os braços para a frente, entrelaçando os dedos, com as palmas das mãos voltadas para fora. Empurre a sua coluna em direção ao espaldar da cadeira e olhe para baixo, o queixo apontando em direção ao seu peito.

3. Repita a sequência, encontrando um ritmo lento que combine com você.

Continue o fluxo para trás e para a frente, acompanhando a sua respiração, pelo tempo que quiser: um minuto já é um bom começo! Quando terminar, permaneça quieto por um momento, percebendo os seus pensamentos, emoções, sensações físicas...

DICA

Relaxar, alongar, trazer fortalecimento e elasticidade para a coluna vertebral são fatores essenciais para a nossa saúde e a das crianças. Este exercício, que acopla um movimento amplo inspirado num animal a uma respiração profunda, funciona muito bem com crianças, que se imaginam mesmo se tornando um gatinho.

RELAXAMENTO ↓
DESATANDO OS NÓS

Assuma o seu "Corpo Consciente — Postura sentada".
Faça a "Respiração Completa" algumas vezes. Feche os olhos.
Respire profunda e confortavelmente. Tente manter o corpo imóvel, mexendo apenas as partes que você está soltando a cada passo da prática. Todos os movimentos devem ser feitos lentamente, com gentileza e autocompaixão.

1. Maxilar: abra e feche a boca, movimente o maxilar para cada lado.

2. Relaxe todos os músculos faciais: sorria, faça caretas bravas e bobas.

3. Cabeça e pescoço: gire a cabeça para os dois lados, desenhando círculos para a direita e depois para a esquerda...

4. Ombros, braços e mãos: mexa os ombros para a frente e para trás, para cima e para baixo. Movimente braços e mãos para todas as direções. Faça círculos com as mãos e movimente os dedos.

5. Tronco e quadril: gire o tronco de um lado para o outro. Depois, faça círculos com o quadril para a direita e para a esquerda. Agora, chacoalhe o corpo, deliciosamente!

6. Pernas e pés: levante uma perna, dobre, estique e chacoalhe, enquanto você se equilibra no outro pé. Faça círculos com o pé que está em cima. Troque as pernas.

7. Chacoalhe todo o seu corpo com liberdade. Sorria!

Quando tiver terminado, permaneça quieto por um momento, observando a si mesmo... Abra os olhos quando for confortável.

DICA

A filosofia da ioga nos ensina que conseguimos assimilar o efeito do que praticamos apenas nos momentos de aquietamento e de relaxamento total. A neurociência também nos mostra isso: para aprendermos, precisamos alternar entre dois modos cerebrais, o focado (quando paramos para estudar, por exemplo) e o difuso (quando relaxamos, brincamos, dormimos). Relaxar também é o grande segredo na recuperação do estresse.

RELAXAMENTO ↓
TORÇÃO

Assuma o seu "Corpo Consciente — Postura sentada".
Faça a "Respiração Completa" algumas vezes. Feche os olhos.

1. Sempre mantendo as costas eretas, repouse a mão esquerda no joelho direito. Ponha o braço direito atrás, relaxando a mão direita no espaldar da cadeira ou no chão, caso esteja na postura de lótus.

2. Inspire, imaginando que um gancho puxa a sua cabeça para cima, fazendo com que a coluna se alongue ao máximo. Abra o peito e deixe os ombros se soltarem naturalmente...

3. Expire enquanto torce o tronco para a direita, como se quisesse ver atrás de você... Confira se a sua postura está ereta e mantenha por três a cinco respirações.

4. Expire para soltar a torção e volte para a posição neutra.

5. Agora repita o exercício para o outro lado.

Quando terminar, permaneça quieto por um momento, percebendo como estão seu corpo, seus pensamentos, suas emoções... Então, abra os olhos.

DICA

A coluna saudável é fundamental para a manutenção da saúde do corpo como um todo. É pela coluna que se dá toda a circulação de energia do corpo. Não é à toa que a meditação se faz sempre com a coluna ereta. E esse exercício de relaxamento ajuda a manter a saúde da nossa espinha dorsal. É muito bom ensinar as crianças desde cedo a manter a postura ereta e a fazer torções, que estimulam a flexibilidade da coluna.

7. É sobre o aqui e o agora

Quando você transforma a sua mente, tudo o que você
experimenta é transformado.
Yongey Mingyur Rinpoche, monge budista

O mindfulness pode e deve ser praticado de maneira formal e informal. Uma prática não exclui a outra, muito pelo contrário: é a soma de ambas que fará com que você possa verdadeiramente desfrutar dos benefícios poderosos do mindfulness na sua vida.

Praticar formalmente significa parar tudo para meditar. Praticar informalmente significa trazer para tudo o que fazemos os princípios da meditação mindfulness: a atenção plena ao aqui e agora, sem julgamento, com discernimento, compaixão e curiosidade.

Como diz Yongey Mingyur Rinpoche, um dos mais importantes porta-vozes do mindfulness hoje no mundo, a transformação da nossa mente é o gatilho para a transformação de tudo o que a gente experimenta — e, então, todo momento pode ser uma oportunidade de mindfulness. Na sua visita ao Brasil em 2016, Mingyur concedeu uma entrevista exclusiva a Lúcia, e à pergunta de como era a sua rotina de meditação, ele foi enfático na resposta: "Eu estou em meditação permanente". Essa é a transformação maior a que todos aspiramos. Esse é o resultado final da formação do hábito. E é nesse sentido que aliar prática formal e informal cria uma soma tão poderosa.

TUDO NATURAL

Já que é preciso que o corpo grave a memória de cada nova ação que inserimos na nossa rotina até que ela se torne natural e espontânea, quanto mais oportunidades temos de praticar, melhor. Lembre-se: é a soma de intenção, disciplina e tempo que cria o novo hábito. Um dia, a atitude mindful se tornará tão natural como é hoje em dia escovarmos os dentes ou pentearmos o cabelo, por exemplo. Mas pense quantos anos ficamos repetindo incessantemente para os nossos filhos que sim, eles realmente precisam escovar os dentes e pentear o cabelo!

O compromisso que temos conosco é em si um aprendizado: de persistência e de capacidade para enfrentar frustrações, cansaço, desânimo. E, claro, uma vez que esses "músculos" estão bem treinados, contamos com eles para tudo na vida, exatamente como quando vamos à academia e ficamos com braços mais fortes, depois é mais fácil carregarmos a nossa mala quando vamos viajar. Não paramos para pensar nisso enquanto tiramos a mala da esteira no aeroporto: "Puxa, veja só, estou podendo fazer isso com facilidade porque os meus braços estão fortes pelos treinos na academia" — mas a verdade é que é exatamente por isso.

O mesmo se dará com a meditação: a soma da prática formal e informal irá aos poucos tornando tudo mais leve, mesmo que você não faça o tempo todo a conexão do benefício com a sua causa.

TODO DIA É DIA E TODA HORA É HORA

O nosso objetivo aqui é usar situações do dia a dia como oportunidades para a prática do mindfulness. Assim, sem precisar mudar de vida, você aos poucos irá mudando a vida (como falamos no nosso livro *Filosofia de bem viver*, também da Editora Fontanar).

Criar o seu ritual também pode ser uma boa ideia. E o que é mesmo um ritual? No clássico escrito por Antoine de Saint-Exupéry, *O pequeno príncipe*, o principezinho faz essa pergunta à raposa, que responde: um ritual é o momento em que focamos a nossa intenção e atenção plena de tal maneira em alguma coisa que o momento se torna inesquecível.

Fique à vontade para criar os seus rituais mindful, aqueles que cabem melhor na sua realidade. E vamos adorar se você puder compartilhá-los com a gente! Escreva-nos no Instagram @binduescoladevalores.

ESTABELEÇA GATILHOS PARA RESPIRAR

Na prática formal, ensinamos a "Respiração Completa", a "Respiração Consciente" e a "Âncora Respiratória".

Esses três exercícios respiratórios são excelentes para ser praticados também em doses homeopáticas ao longo do dia, em ciclos que podem ser de apenas uma inspiração e expiração ou um pouco maiores, de um minuto, por exemplo.

Mas como lembrar de respirar assim? Uma ótima ideia é definir gatilhos para se lembrar. A cada vez que o gatilho surgir, você para e faz a respiração. Exemplos de gatilhos do dia a dia:

- sempre que você encontrar no trânsito um farol vermelho;

- sempre que se sentar;

- sempre que for se alimentar;

- sempre que for mudar de atividade;

- sempre que tiver de esperar (por uma consulta, numa fila...).

Ensine os seus filhos a fazerem o mesmo. Alguns gatilhos que vocês podem combinar:

- sempre antes de sair de casa para ir à escola;

- sempre que chegar à escola;

- sempre antes de começar uma aula;

- sempre antes do esporte;

- sempre antes de uma prova.

E crie rituais familiares, em que todos param um minutinho juntos para fazerem um dos exercícios de mindfulness baseados na respiração:

- sempre antes do jantar;

- sempre quando dão boa-noite;

- sempre quando estão juntos no carro.

Enfim, olhe para a sua rotina e a dos seus filhos e pense que gatilhos funcionariam melhor para vocês. E comecem a... brincar de mindfulness!

RESERVE UM MINUTO PARA CHEGAR

Sempre que chegar a um novo lugar, dê-se um minuto para praticar a "Âncora Respiratória". É tempo suficiente para que você de fato "chegue" ao novo local, melhorando a qualidade da sua atenção e da sua presença.

CHECK-IN DE SI MESMO

Sempre que puder, entre em contato consigo mesmo, começando a criar maior intimidade com os seus pensamentos, sentimentos e sensações físicas, e abrindo os caminhos para ouvir a linguagem do seu corpo.

Esta prática informal é feita em três respirações completas, cada qual com um foco, para que você estabeleça exatamente como está no aqui e agora:

- na primeira respiração, o foco é a cabeça, percebendo como estão os seus pensamentos, quais são os seus objetivos;

- na segunda respiração, o foco é o corpo, percebendo como estão as suas emoções, quais são as suas intuições;

- na terceira respiração, o foco é o coração, percebendo como estão os seus valores, quais são as suas intenções.

DESEJE O BEM NÃO IMPORTA A QUEM

Que tal trazer para a prática informal a Meditação da Compaixão? É fácil e maravilhoso. Basta que você se proponha a, mentalmente, desejar tudo de bom a todas as pessoas que cruzarem o seu caminho hoje. Ao andar na rua, no transporte público, no escritório, onde quer que seja, repita mentalmente para quem entra no seu campo de visão: "Assim como eu desejo para mim, que você também tenha paz, que você tenha saúde, que você tenha segurança, que você seja feliz".

Essa prática é ainda mais poderosa quando a direcionamos para pessoas com quem enfrentamos dificuldades. Porque ela nos lembra de que essas pessoas são iguaizinhas a nós, com esses mesmos desejos básicos, e fica mais difícil entrar em conflito quando nos concentramos nas nossas semelhanças.

Você pode ainda acoplar a essa prática mental o hábito de sorrir para quem quer que seja. Faz bem para você, já que envia ao cérebro o sinal de que está tudo bem, e faz bem para o outro, pois imediatamente estabelece uma relação de maior harmonia.

Ensine as crianças a incorporarem essas práticas informais: elas podem praticar, por exemplo, andando pelo corredor da escola ou quando estiverem sentadas no carro ou no ônibus olhando para as pessoas que andam na rua.

BUSQUE A SEMELHANÇA

Também é possível fazer uma prática simples de compaixão em três respirações quando temos que lidar com pessoas com as quais temos dificuldades.

Na primeira respiração, você se concentra apenas em estabilizar o seu sistema nervoso, aprofundando a inspiração e a expiração.

Na segunda respiração, você se concentra no fato de que a outra pessoa, assim como você, é um ser humano fazendo o melhor que pode naquele momento (e, sim, muitas vezes o nosso melhor deixa muito a desejar, mas essa é a experiência humana).

Na terceira respiração, você se concentra em oferecer bondade à outra pessoa, desejando o melhor para ela, assim como você deseja para si mesmo.

APURE OS CINCO SENTIDOS

Vivencie as boas experiências através dos cinco sentidos, com atenção plena. Se você está caminhando na rua e vê uma árvore bonita, reconheça que essa é uma experiência boa e então tire o melhor proveito dela parando alguns segundos para absorver o momento:

- veja com riqueza de detalhes, observando formas, cores, perspectivas;

- ouça o som da sua própria respiração ou do vento na folhagem;

- toque uma folha ou o tronco, sinta a textura, a temperatura;

- acione o olfato e preste atenção ao que é despertado em você pelo aroma das flores;

- acione o paladar, pensando que gostoso seria saborear, por exemplo, um sorvete sob a sombra daquela árvore.

Essa prática informal nos ajuda a ir treinando o cérebro para procurar coisas boas no dia a dia e desfrutar muito mais delas. É portanto uma prática poderosa de construção de felicidade sustentável, uma vez que se utiliza de pequenos gatilhos para transformá-los em oportunidades de oferecer um verdadeiro banquete aos sentidos.

Pratique com as crianças, para que elas aos poucos também incorporem esse hábito. Muitas vezes, aliás, se prestarmos atenção, as crianças nos puxarão para essa prática.

ACOPLE MINDFULNESS AO SEU EXERCÍCIO FÍSICO

Exercitar a atenção plena durante a prática esportiva é excelente para o treinamento de mindfulness e para o treinamento físico.

A cada exercício, adote consciência total do corpo e da respiração, sentindo cada músculo trabalhando. Perceba os limites do seu corpo, o esforço dos membros, o ritmo respiratório. Olhe para o momento com curiosidade sobre essa experiência de ser um corpo em exercício. Tenha compaixão pelas suas dificuldades. Cultive o discernimento para não ultrapassar os seus limites.

Vamos pegar o exemplo de um treino funcional feito com elásticos. Deposite a sua atenção plena no elástico, como se nada mais existisse. Concentre-se, primeiro, na cor do elástico, na textura. Tenha curiosidade em relação ao material. Depois, comece a fazer os exercícios com foco total, estando plenamente ciente do seu corpo, da resistência do elástico e da interação entre os dois. Com discernimento, você notará com mais facilidade os seus limites, onde o seu corpo tem mais dificuldade, o suor, a respiração... E tudo isso sem julgar, exercitando a autocompaixão e o respeito pelo seu corpo.

É possível adotar o mindfulness durante a prática de qualquer tipo de atividade física. E você notará que a qualidade do seu exercício vai melhorar muito!

Ensine também às crianças como permanecer com atenção plena durante qualquer prática esportiva. Como diz um antigo ditado védico: aonde vão a sua atenção e a sua intenção, vai junto o imenso poder de concretização dos seus desejos.

REVERENCIE A NATUREZA

O contato com a natureza é fundamental para a nossa saúde e felicidade. Sempre que puder, ande com os pés na terra ou na areia, nade no mar, brinque com os seus filhos ao ar livre, ensine-os sobre as plantas e os animais, admirem juntos as noites estreladas.

Nessas oportunidades, exercite a reverência silenciosa, ficando alguns momentos em profundo silêncio, apenas contemplando a grandiosidade da natureza e sentindo-se parte de algo que é tão maior do que todos nós.

Plante e cuide de uma planta — pode ser uma flor num vasinho na sala, um pomar numa chácara, uma árvore num jardim. Ensine as crianças a plantarem e a cuidarem e acompanharem o crescimento da nova vida. Sempre aplicando ao momento do plantio ou dos cuidados as regras fundamentais do mindfulness: estar verdadeiramente presente no aqui e agora, sem julgamento, com discernimento, curiosidade e compaixão.

Plante temperos na cozinha e cuide desses ingredientes que fazem toda a diferença no sabor das nossas refeições. Faça isso junto com as crianças, e depois cozinhe com elas utilizando o que plantaram. Aplique mindfulness em todo o processo, exercitando também a gratidão pela Terra que nos dá tudo o que precisamos para a nossa vida.

ALIMENTE-SE DE MANEIRA MINDFUL

O nosso corpo é a nossa única casa para a experiência de vida neste planeta — então, precisamos tratá-lo como um templo sagrado. Isso significa escolher com carinho e cuidado o que ingerimos, sempre. Tudo o que vai da horta ou do pomar para a mesa é mais saudável do que os industrializados. E a hora da refeição deve ser ritualizada, para que todos os nossos sentidos sejam igualmente alimentados de maneira saudável.

A mesa onde você faz as suas refeições em casa deve estar num lugar agradável, cheiroso, sem barulho, com boa ventilação e luz.

Faça no mínimo uma refeição em família, comprovadamente um fator que atua no sentido de nos desestressar, fortalecendo o nosso sistema imunológico e trazendo uma série de benefícios para as crianças e adolescentes, incluindo notas mais altas na escola e menos chance de envolvimento com drogas.

Escolha fazer o exercício da alimentação mindful de vez em quando, pode ser por exemplo apenas na primeira garfada, e veja a diferença que você sentirá em termos de prazer de comer e saciedade.

AGRADEÇA POR... TUDO!

Adote a prática da gratidão. E potencialize ainda mais os seus benefícios acoplando a "Âncora Respiratória" aos momentos em que você se sente grato.

Para incentivar a prática da gratidão nas crianças, ao colocá-las na cama para dormir, peça-lhes que indiquem três coisas pelas quais se sentem gratas naquele dia e compartilhe com elas coisas pelas quais você se sente grato também. Mostre a elas que podemos nos sentir gratos por coisas pequenas e grandes, por coisas raras e comuns. E que, no limite, mesmo pelos problemas podemos agradecer se os encararmos como oportunidades de desenvolvimento.

Crie jogos de gratidão: pedindo às crianças que encontrem em casa, por exemplo, algo que tenha a sua cor favorita, algo de que gostem, algo que elas sabem que outra pessoa gosta, algo cheiroso, algo que emita um som bonito... Nessa dinâmica, a criança é convidada a olhar para o ambiente familiar com olhos novos, com curiosidade, a vivenciar o momento presente de verdade. Depois do jogo, fale sobre a dinâmica, estabeleça as conexões com o mindfulness formal para que a criança vá entendendo essas informações e se empoderando com elas.

DESAUTOMATIZE ROTINAS

Quando nos acostumamos com as coisas, paramos de notá-las. Por isso, uma ótima maneira de voltar para o aqui e agora é sair da rotina. Você não precisa ir viajar para isso. Basta, por exemplo, sentar-se em outra cadeira que não a sua de sempre em casa e olhar ao redor com olhos de aprendiz, como se você nunca tivesse visto aquele ambiente. Se você é destro, passe a fazer algumas atividades com a mão esquerda — como usar o mouse do computador ou escovar os dentes. Isso obrigará o seu cérebro a traçar novos caminhos neuronais e, ao fazer isso, proporcionará a você a possibilidade de exercitar a curiosidade, a compaixão e o discernimento. Mexa nas rotinas familiares, introduzindo novidades e chamando a atenção de todos para desfrutarem dos novos momentos com uma atitude mindful.

ADOTE A CAMINHADA MINDFUL

Meditar na caminhada é uma das formas mais tradicionais da prática meditativa. O ideal é fazer isso entre árvores, plantas, flores, lagos, para estarmos conectados com a natureza.

Mas você também pode fazer uma caminhada mindful ao redor do seu quarteirão na cidade. Como você já sabe, o que mais conta é a sua atitude, não a situação.

Comece com os olhos fechados, apenas percebendo como o seu corpo todo se equilibra sobre os pés. Importante: tenha um apoio ao lado, caso você precise e, se lhe falta o equilíbrio, faça esse exercício com os olhos abertos, apenas voltados para o chão.

Leve todo o seu peso para a frente dos pés, depois para trás. Leve todo o peso para o seu lado esquerdo, depois para o direito. E volte à posição de equilíbrio central.

Então, de olhos abertos, comece a caminhar muito lentamente, sentindo cada movimento envolvido nesse processo: dos pés, pernas, quadril, costas, braços... Perceba como todo o seu corpo atua para que você caminhe.

Se estiver em meio à natureza, aproveite para voltar os seus olhos e absorver todo o entorno enquanto desfruta da caminhada.

APROVEITE A AROMATERAPIA

Cheiros são poderosos: eles vão diretamente ao cérebro e entram em contato com a parte onde nascem as emoções e onde as memórias ficam armazenadas. Quem já não sentiu um aroma que imediatamente nos transportou a algum lugar do passado?

Saber do poder dos cheiros nos faz ter condições de usá-los a nosso favor. Há aromas indicados para a concentração, para o relaxamento, para a higienização...

Assim, quando for praticar mindfulness informalmente, tente acoplar um aroma à atividade que vai realizar. Experimente sândalo, lavanda, *lemongrass*, eucalipto...

Antes de dormir, por exemplo, ponha no travesseiro uma gotinha de óleo essencial de lavanda, que acalma e induz ao relaxamento. Feche os olhos e inspire profundamente, perceba as reações do seu corpo ao aroma, os pensamentos que brotam, as emoções que surgem.

Antes de entrar no banho, aromatize o banheiro com eucalipto e veja que delícia é tomar banho assim. Se tiver em casa uma banheira, faça um ritual mais completo: use um aroma de sândalo, utilizado há milênios em rituais de limpeza e que favorece a meditação, ponha uma música suave e acenda uma vela.

VALORIZE O SILÊNCIO

Encontre pequenas pausas ao longo do seu dia para ficar em silêncio. Pode ser uma fugida ao banheiro, caso você trabalhe num local onde o barulho é constante.

Em casa, em família, ensine as crianças a apreciarem o silêncio, a usarem essas pausas para respirar fundo, fazer um check-in de sensações físicas, pensamentos e emoções, fazer um agradecimento por mais uma respiração, por mais um momento. Lembre-as de que é no silêncio que podemos ouvir as mensagens inspiradoras do nosso Eu Maior, pois é daí que surgem a criatividade e a inovação.

USE MANTRAS

Mantra é a palavra sânscrita para som — e indica um dos mais poderosos suportes meditativos. Segundo a tradição indiana, Om é o som mais poderoso do universo, e quando repetimos esse mantra, seja em voz alta ou mentalmente, nos conectamos com o poder do universo.

Então, nas suas pausas para respirar fundo, tente acoplar o mantra Om, que facilitará o aquietamento da mente. Ensine esse mantra para as crianças também.

E especificamente para os pequenos há o "Gayatri mantra", para trazer a luz do sol à vida e iluminar o caminho deles. Na Índia, ele é considerado um dos mantras mais poderosos que existem. Você pode simplesmente colocá-lo para as crianças ouvirem. Faz muito bem!

PRATIQUE A ESCRITA CONSCIENTE

Você se lembra dos antigos diários que as crianças faziam? Pois escrever o que se passa conosco é uma forma terapêutica de liberar tensões, angústias, medos e tristezas. Essa prática, em inglês, é chamada de *journaling* e o seu impacto na melhora da nossa resiliência e auxílio na resolução de conflitos é cientificamente comprovado há décadas. Ao estruturarmos os nossos pensamentos para passá-los ao papel, trabalhamos a aceitação do momento presente como ele é, e não como gostaríamos que fosse; saímos da negação e conseguimos ressignificar experiências difíceis.

Na escrita consciente, escrevemos à mão, nada de computadores. A sabedoria do corpo — ou seja, a participação da mão no processo — é parte da prática. Marque o tempo: o objetivo é escrever sem parar durante um período (que pode variar de um a muitos minutos). Se você ficar sem ter o que escrever, repita a frase de início do exercício para tentar retomar o fluxo de ideias.

Algumas sugestões para você começar, cada qual devendo ser escrita por um minuto:

1. Complete as frases abaixo, dedicando um minuto a cada uma:

   - "Coisas que me irritam são..."

   - "Os meus desafios atuais são..."

   - "Coisas que me fazem sentir bem são..."

   - "Quando estou no meu melhor, eu..."

2. Imagine que uma pessoa que o conhece a fundo e que gosta genuinamente de você lhe escreve uma carta a respeito dos seus atuais desafios e oportunidades. Durante dois minutos, escreva essa carta como se você fosse essa pessoa.

3. Imagine a sua vida ideal: como você se sentiria, o que você faria no seu dia a dia, as pessoas que estariam ao seu lado... Durante dois minutos, escreva como se você de fato vivesse essa vida ideal, com todos os verbos no presente.

Além dessas ideias, utilize o *journaling* sempre que estiver enfrentando momentos desafiadores. É uma ótima prática!

INVENTE, EXPERIMENTE, APROVEITE!

Que tal ensinar as crianças a fazerem uma prática informal de mindfulness enquanto tomam um sorvete, inspirada no exercício formal ALIMENTAÇÃO MINDFUL? Conduza o exercício solicitando a elas que tomem o sorvete naturalmente, como sempre fizeram. Em seguida, direcione o exercício com os olhos abertos e depois troque impressões sobre essa experiência com elas. Numa segunda rodada, peça que elas repitam as ações com os olhos fechados. E novamente troque experiências. É assim que vamos entendendo e ensinando às crianças a diferença de fazer as coisas de modo aleatório e depois com atenção plena, e como tudo pode ser realizado de maneira mindful.

Vamos repetir: tudo pode ser realizado com atenção plena. E ainda que nada tenha mudado objetivamente lá fora, o fato de nós mudarmos aqui dentro altera toda a nossa experiência. Por isso o mindfulness é tão divertido, é tão maravilhoso, é tão possível de ser verdadeiramente incorporado à nossa vida. Porque há um modo de viver mindful, que a gente constrói, continuamente, a cada inspiração e a cada expiração. No aqui e no agora.

Conclusão
É sobre todos nós

Ouça o silêncio. Ele tem tanto a dizer.
Rumi, poeta sufi

Acreditamos que o ser humano veio à Terra para evoluir por meio das suas experiências. Quando nascemos, nos é dado o dom da vida, e então cabe a nós fazer bom uso dele.

Olhando hoje para o mundo e sabendo que o que vemos no exterior é reflexo do nosso interior, não estamos cumprindo o nosso objetivo primordial. Nós estamos doentes, e estamos adoecendo a natureza, o que, por sua vez, no limite, inviabilizará a nossa própria existência — não faz nenhum sentido. "Toda doença é saudade do lar", diz um provérbio indiano. Então, a cura está no retorno a esse lar: à nossa essência, aos valores essenciais, à nossa casa compartilhada.

Mahatma Gandhi dizia: seja você a mudança que quer ver no mundo. É isso o que praticamos, e o que estamos convidando-o a praticar também. Adotando uma rotina de mindfulness e de observação dos valores universais, de forma a expandirmos a nossa consciência para mudar o mundo — uma pessoa por vez, uma meditação por dia.

A prática de mindfulness é a ferramenta mais poderosa que conhecemos para dar início ao aquietamento da mente, necessário para acessarmos o campo da pura potencialidade. É aí que já existe a melhor versão de cada um de nós, o nosso Eu Maior. Criamos a metodologia da Presença Plena na esperança de facilitar esse processo para quem está começando, unindo as nossas experiências. Juntas temos mais de 65 anos de meditação, estudos e práticas com professores de linhas bastante variadas, dificuldades e insights diferentes, e somamos a sabedoria milenar indiana, expertise da Márcia, aos mais atuais estudos científicos, foco da Lúcia.

Márcia é mãe de duas filhas e avó de quatro netos. Lúcia é mãe de gêmeas de onze anos. A educação das crianças é algo que faz parte do nosso dia a dia e das nossas conversas, sempre com o objetivo de encontrar os meios para inspirar as novas gerações. Para elas o aprendizado é mais fácil do que para nós, adultos (ainda que, não importa quantos anos você tenha, toda hora é a boa hora para começar!).

Pense no privilégio que é uma criança crescer já tendo intimidade com o mindfulness, praticando os valores, tendo maior clareza sobre o seu mundo interior (o funcionamento do seu cérebro, os seus sentimentos, pensamentos e ações resultantes), o que lhes dá maior clareza sobre o mundo lá fora (as outras pessoas, as circunstâncias) e maior clareza sobre o impacto de um no outro. Assim é possível construir desde cedo uma vida de mais felicidade e significado, a partir do entendimento profundo de que todos somos um e que a era do Eu Menor já acabou.

O ego não tem condições de dar as respostas para os desafios deste século — só no eco, na nossa casa compartilhada, na nossa essência é que podemos encontrar as soluções necessárias. Porque, como dizia Albert Einstein, nenhum problema pode ser resolvido a partir do mesmo nível de consciência que foi gerado.

O mindfulness trata da expansão da nossa consciência, acionando a nossa Presença Plena para que possamos viver a partir do Eu Maior.

Como pais e avós, temos uma responsabilidade inescapável em relação aos nossos filhos e netos: de darmos o exemplo. É pelo exemplo, sobretudo, que se educa. E pelos momentos compartilhados. Então, o nosso convite fica aqui: pratique mindfulness e valores e ensine-os às crianças; chame-as para praticar com você e torne esses momentos algo precioso na sua família! Venha! Juntos fazemos a diferença por um mundo melhor.

Com amor e gratidão,
Lúcia e Márcia

Agradecimentos

O processo de escrita de um livro é um desafio e tanto! São muitas horas, que se tornam dias, meses e anos; muito estudo, que nunca acaba; muita escrita, muita revisão, muita reescrita; e muitas pessoas envolvidas.

Agradecemos às nossas famílias, que sentiram a nossa ausência nos períodos de trabalho mais intenso, aos nossos professores, que nos guiaram para desenvolvermos os nossos conhecimentos e chegarmos até aqui, ao Grupo Companhia das Letras e à sua Editora Fontanar, a nossa casa sempre generosa há anos. Agradecemos a você, leitor, leitora, pela confiança e por nos permitir exercer a nossa missão de vida: compartilhar conhecimento para a evolução de cada um e de todos nós.

Notas

1. É SOBRE A SUA VIDA [pp. 15-28]

1. Daniel J. Siegel, *O cérebro da criança: 12 estratégias para nutrir a mente em desenvolvimento do seu filho e ajudar sua família a prosperar*. São Paulo: nVersos, 2015.

2. É SOBRE O NOSSO MUNDO [pp. 29-41]

1. Se você quiser saber mais sobre o ayurveda, indicamos o nosso livro *Ayurveda: Cultura de bem-viver* (São Paulo: De Cultura, 2015), primeira obra em português a reunir em linguagem para leigos os principais preceitos dessa ciência.

2. Kesebir e Kesebir, London Business School and Center for Healthy Minds, University of Wisconsin, mar. 2017.

3. Mindful Nation UK, 2015.

4. "Your Brain Interprets Prolonged Loneliness as Physical Pain — Why?", Robby Berman, *Big Think*. Disponível em: <http://bigthink.com/robby-berman/the-powerful-medical-impact-of-loneliness>.

5. "Too Many Toys Are Bad For Children, Study Suggests", *The Telegraph*, Sarah Knapton, editora de Ciência, 5 dez. 2017. Disponível em: <https://www.telegraph.co.uk/science/ 2017/12/05/many-toys-bad-children-study-suggests/>.

6. Ariana Huffington, *A terceira medida do sucesso*. Rio de Janeiro: Sextante, 2016.

7. Id., *A revolução do sono: Transforme a sua vida, uma noite de cada vez*. Lisboa: Matéria-prima, 2017.

3. É SOBRE O SEU CÉREBRO [pp. 42-53]

1. David Eagleman, *The Brain: The Story of You*. Edinburgh: CanonGate Books, 2015.
2. "Rivotril e seus semelhantes matam mais do que cocaína e heroína", *Folha Blogs*, Blog Nino Bellieny, 27 fev. 2017.
3. "Nação Rivotril", *Superinteressante*, 12 ago. 2010.

5. É SOBRE A SUA PRÁTICA [pp. 75-89]

1. Evento realizado por Shambhala Mountain Center e The Awake Network entre os dias 14 e 20 de maio de 2018.

Índice remissivo

abdômen, 15, 99-100, 104
abstração dos sentidos, 25
abundância, noção de, 17
"ação", *kharma* como, 52
ações e palavras, adequação entre, 62; *ver também* retidão
adolescentes, 42, 46-7, 60, 65, 90, 93, 122, 134
adrenalina, 49
adultos, 30, 33, 47, 53, 60, 142
afetividade, 42, 44
afetos, 36, 65
agradecer, importância do *ver* gratidão
ahimsa ver não violência
alegria, 18, 22, 65-6, 68-9, 102, 104
alimentação mindful, 107-8, 133-4, 138
Alzheimer, doença de, 34
Amapá, 88
ambientes seculares, mindfulness em, 16
amígdala cerebral, 45-6
amigos virtuais, 34
amigos, compartilhar a meditação com, 81
amor, 44, 54, 58, 60, 63, 71-2, 91-2, 94, 115-6

Âncora Respiratória, 101, 106, 128-9, 134; *ver também* respiração
animais, mindfulness no cuidado de, 133
ansiedade, 31, 34, 40, 45, 50, 58, 89
apego, 65
apoio mútuo, relacionamentos de, 55
aquecimento global, 30, 32
"aqui e agora" *ver* presente, momento
Aristóteles, 90
Arjuna (personagem do *Bhagavad Gita*), 56, 63
aromaterapia, 84, 131, 136
Arthur, rei (lenda medieval), 73
ássanas ver posturas físicas
Atenas (Grécia Antiga), 41
"atenção plena", mindfulness como, 10-1, 13, 15, 18, 25, 71, 73, 75, 87, 93-4, 96-7, 106-7, 109-10, 126, 128, 131-2, 138
audição, 108
autocompaixão, 20-1, 105, 116, 120, 123, 132; *ver também* compaixão
autocondenação, 63
autoconfiança, 72, 104-5

autocontrole, 48
autoestima, elevação da, 112
autoestudo, 18
autorrealização, 24
autossabotagem, 78, 82
ayurveda, 10, 12, 31, 38, 65, 88
Ayurveda: Cultura de bem viver (Lúcia Barros e Márcia De Luca), 145n

baixa autoestima, 59
Barros, Lúcia, 9, 10, 26, 29, 38-9, 50, 55, 69, 88-9, 91, 126, 142
Batalha de Kurukshetra (lenda indiana), 56
batimentos cardíacos, 87
BBC (rede de televisão britânica), 42
bem maior, 56
bem-aventurança, 25
bem-estar, 13, 16, 37, 41-2, 44, 50-1, 59, 111, 113
benzodiazepinas (BZD, tranquilizantes), 50
Bhagavad Gita (poema indiano), 56
Bindu Escola de Valores, 12, 128
bondade, 21-2, 60, 64, 94, 111, 131
Bondade Amorosa *ver* Meditação na Compaixão
braços, 98, 102, 104, 122-3, 127, 135
Brain, The [O Cérebro] (programa de TV), 42, 53
Brasil, 9-10, 126
Buda, 23, 65
budismo, 23-4, 26, 115

cabala, 23
cabeça, 86, 98, 102, 104, 122-3, 125, 130
Caccioppo, John, 34
caminhada mindful, 135
câncer, 34
Cannes, Festival de, 35

caráter, formação do, 24, 54, 56, 62, 67, 78, 112
células, memória das, 52
Center for Cognitive and Social Neuroscience (Universidade de Chicago), 34
Center for Healthy Minds da Universidade de Wisconsin (EUA), 32
cérebro, 16, 23, 30, 33, 37, 40-7, 49, 51, 53-4, 60, 69, 72, 74, 76, 78, 80, 85, 92, 111, 130-1, 135-6, 142; *ver também* neuroplasticidade; sistema nervoso
Cérebro da criança, O (Siegel), 26
"check-in de si mesmo", 101, 107, 129-30, 136
"chegar" a novo local, exercício para, 129
Chopra, Deepak, 9, 26, 39
Churchill, Winston, 21
ciclo cármico, 52, 54; *ver também kharma*
cientistas, 12, 23
cinco sentidos, 131-2; *ver também* sentidos
circulação de energia, 125
ciúme, 63
Clarke, Arthur C., 23
cocaína, 50
coisas, excesso de, 31, 34
colaboração, 21
Cole, Steve, 33-4
coluna ereta, meditação com a, 14-5, 24, 83, 85-6, 89, 125
compaixão, 12-3, 16-7, 19, 21-3, 25, 33, 39, 44, 54-5, 57, 61, 63, 78, 86, 93-4, 105-6, 109-11, 115-6, 120, 126, 130-3, 135; *ver também* autocompaixão
compreensão, atos de, 111
comunicação não violenta, 12
concentração, 25, 116, 136
conhecimento, 10, 13-4, 23, 28, 35, 75, 91
consciência absoluta, 87, 89

148

consciência pura, iluminação como, 23
consciência suprema, Krishna e a, 56
Contagem regressiva (exercício), 121
controle da energia, 95
convite, mindfulness como, 11, 15, 22, 40, 64, 86, 90, 96, 142
cooperação, 21, 33
coração, 12, 86, 112, 114-5, 130
Coração generoso (exercício), 110
Corpo Consciente, 96-106, 108-14, 116-8, 120-4
corrupção, 62
córtex, 45
córtex órbito-frontal, 47
córtex pré-frontal, 44-6, 48
córtex pré-frontal dorsolateral, 46
cortisol, 49
costas, 86, 98, 104, 122, 124, 135
coxas, 24, 121
Crespo, Samyra, 69
crianças, 12-3, 16, 26, 30, 34, 38, 45-7, 55, 57-60, 62-3, 65, 68-71, 73-4, 90-3, 95-6, 100-1, 103-8, 110-6, 118-9, 121-3, 125, 130, 132-4, 136-8, 142; *ver também* filhos
criatividade, 38, 47, 136
crise ética do ser humano, 12, 41
cristais no ambiente de meditação, 83
cristianismo, 23
culpa, sentimento de, 38-9, 43, 59
cultura mindful, 81
cultura ocidental, 32-3, 37, 57, 70
curiosidade, 15-7, 19, 22-3, 25, 39, 57, 63, 86, 93-4, 106, 109, 126, 132-5

Dalai Lama, 13
Davidson, Richard, 42, 44
De Luca, Márcia, 9-10, 26, 39, 56, 88-9, 142

decepção, 19-20
deitado, respirar, 100
depressão, 31, 33, 50-1, 59, 66
desapego, 65-6, 89
Desatando os nós (exercício), 123-4
desconexões fundamentais, 31-4, 38
desejos, 20, 53, 62, 64-5, 116-20, 130, 132
desgosto, 20
desigualdade no mundo, 32
dharana ver concentração
dharma, 56
dhyana, 25
Diário da Gratidão, 71; *ver também* gratidão
Diário de Meditação, 80; *ver também* meditação
digestão, 49
discernimento, 15-7, 19-20, 22-3, 25, 39, 57, 63, 126, 132-3, 135
disciplina, 12, 18, 41, 57, 73-5, 77, 81, 91, 93, 127
dizer não, incapacidade de, 59
doenças autoimunes, 50
dor, 34, 51
drogas, 50-1, 134

Eagleman, David, 42, 47, 53
economia global, 32
ego, 17, 57-9, 62, 142
egoísmo, 63
egrégora da meditação, 83
Einstein, Albert, 15, 42-3, 142
emoções, 25, 31, 46, 48, 54, 58, 63-4, 85, 92-4, 97-9, 101, 103, 106, 108, 113, 117, 123, 125, 130, 136
empatia, 22, 33, 55, 61, 68, 110
empresas, mindfulness em, 23, 81
energia vital, 25
energia, circulação de, 125

energia, controle da, 95

equanimidade, 66-7, 107

equilíbrio, 9, 37, 40, 48, 66, 69, 121, 135

Escola de Atenas (Grécia Antiga), 41

Escola de Medicina da Universidade de Massachusetts, 11

escolas, mindfulness em, 13, 16, 23, 41, 81, 119

escrita consciente (*journaling*), 137-8

escuta ativa, 109

espaço de meditação, montagem do, 83-5

esperança, 22, 44, 69-70

espinha dorsal, saúde da, 125

espiritualidade, 39

estado interior, mundo exterior como reflexo do, 9, 54

estados transitórios, 22

Estados Unidos, 10-1, 16, 26, 32-3, 39

esterno, 86; *ver também* peito

estilo de vida, mindfulness como, 73, 77

estímulos externos, 25

estresse, 37, 40, 45, 47-51, 66, 82, 103-4, 122, 124

ética, 12, 14, 24, 56, 62

Eu Maior, 17-8, 29, 52, 56, 62, 64, 67, 73-4, 136, 141-2

Eu Menor, 17-8, 29, 52, 56, 142

evolução, 21, 23, 31, 33, 47, 49, 93, 141

exacerbação do ego, 58-9

exaustão, 37

exercício físico (prática esportiva), mindfulness e, 132

exercícios básicos de mindfulness, 94, 97-101

exercícios respiratórios, 25, 88, 99, 102-5, 128; *ver também* respiração

expectativas, meditação *versus*, 83

experiência humana, 13, 20-2, 57, 67, 131; *ver também* ser humano

experiência, adaptação cerebral em resposta à, 43

"experiências maravilhosas" com a prática meditativa, 88

expiração, 15, 87, 89, 101, 103, 111, 113, 121, 128, 131, 139; *ver também* respiração

faixas etárias, mindfulness e, 91-3

família e amigos, mindfulness em, 81, 90-1, 116

fato e interpretação, interconexão entre, 52

felicidade, 10, 12, 21, 25, 48, 55-6, 58-9, 66, 69, 72-3, 88, 96, 102, 111, 116-20, 132-3, 142

"felicidade sustentável", 55, 132

fígado, 49

filhos, 14, 16, 19, 30, 43, 48, 54-5, 57, 60-2, 64-6, 68-9, 71-3, 78, 82, 88, 90-6, 109, 114, 122, 127-9, 133, 142; *ver também* crianças

Filosofia de bem viver (Lúcia Barros e Márcia De Luca), 127

flor de lótus, simbologia da, 57

flores no ambiente de meditação, 83, 131

Floresta Amazônica, 88

fluxo dos pensamentos, diminuição do, 87

fofoca, 59

Folha de S.Paulo (jornal), 35

FOMO — *"fear of missing out"* (síndrome), 35

Forbes (revista), 37

força física, 49

formal, mindfulness, 12, 73, 75, 78, 84, 87-9, 126-31, 134, 136, 138

Frawley, David (Vamadeva Shastri), 88

Gandhi, Mahatma, 113, 141

Ganges, rio (Índia), 88

"ganha-ganha", 17, 21
"ganha-perde", 17
garganta, 15, 108
Gato se alongando (exercício), 122-3
Gayatri (mantra), 137
generosidade, 110
genes, 34
genética, 43, 68
gentileza, 15, 64, 99, 111, 123
glicose, 49
gratidão, 54, 70-2, 112-3, 133-4, 142
Grécia Antiga, 41

hábito, mindfulness e a força do, 52-3
Hanson, Rick, 76, 87
heartfulness (valores universais), 12-3;
    ver também Valores essenciais
heroína, 50
higiene mental e emocional, mindfulness
    como, 13, 31, 63-4
hinduísmo, 23, 56
hiperconsciência, estado de, 25
hipocampo, 45-6
Hitler, Adolf, 36
Homo sapiens, 48
honestidade, 54
horários mais indicados para a medita-
    ção, 84
hospitais laicos, mindfulness em, 16, 23
Huffington, Arianna, 37, 41
humanidade ver ser humano
humildade, 57-9

iluminação, 23
imobilidade, meditação na, 24, 38, 85-6,
    96-7, 123
impermanência, 65, 67
impulsos, controle dos, 46-7
Índia, 10, 24, 56-7, 66, 72, 88, 137

individualismo, 32-3
indivíduo vs. ele mesmo, 33-4
indivíduo vs. natureza, 31-2
indivíduo vs. outro, 32-3
infância, 42; ver também crianças; filhos
infelicidade, 65-6, 70
inflamação, genes ligados à, 34
informação, excesso de, 31, 35-6
informal, mindfulness, 73, 75
Inglaterra, 29, 32-4
insight, meditação de, 24
insônia, 37, 49-50
inspiração, 15, 87, 89, 101, 103, 111, 121,
    128, 131, 139; ver também respiração
Instagram, 128
Instituto Max Planck (Alemanha), 11
instruções para a prática do mindfulness,
    94
intenção, definição da, 76-7
íntimos de nós mesmos, tornando-se,
    16, 18-9, 115
ioga, 9-10, 14, 23-6, 31, 68, 83, 88-9, 98,
    124
"ioga exterior"/"ioga interior", 25

Jardim Botânico do Rio de Janeiro, 69
jogos de gratidão (para crianças), 134
journaling ver escrita consciente
julgamento, 15-6, 18-9, 23, 39, 57, 63, 94,
    97, 126, 133

Kabat-Zinn, Jon, 16, 40, 51
kharma, 52
Krishna (divindade hindu), 56, 69

lavanda, óleo essencial de, 84, 136
leela ("brincadeira cósmica e divina"), 69
"leis de Clarke", 23
leveza da vida, 68-9

limpeza, valor da, 63-4
língua portuguesa, 10
línguas asiáticas, 12
local e horário para meditação, definição do, 78, 83-5
London Business School (Inglaterra), 32
Londres, 29
longevidade, 31, 65
lótus, postura de, 24, 85, 124
"luta ou fuga", reação de, 48-51
luz elétrica, 37

"mãe" das intervenções positivas, gratidão como, 113
magia, 23, 25
Mahabharata (épico indiano), 56
mandalas, 25, 87
mantras, 25, 87, 89, 137
mãos, 98-9, 104, 108, 111, 121-3
Marie Claire (revista), 9
medicamentos psiquiátricos (tranquilizantes), 50
medicina alopática, 51
medicina tradicional indiana *ver* ayurveda
meditação, 9-13, 16, 20, 23-9, 31, 37-40, 43, 50, 57, 68, 76-9, 81-5, 87-9, 91, 93, 95-6, 111-7, 119, 121, 125-7, 130, 136, 141
Meditação da Gratidão, 112
Meditação da Paz, 113
Meditação na Compaixão (Bondade Amorosa), 60, 115-21, 130
medo, 17, 21, 30, 35, 43, 45-6, 48, 59, 65
memória, 37, 45-6, 89, 91, 93, 136
memória celular/corporal, *kharma* e, 52, 54, 91, 127
mente, tipos de, 74
merecimento, lógica do, 32-3, 70
Merlin, mago (lenda medieval), 73

mestres iogues, 59, 64
mestres, importância de valorizar os, 62-3
Meu sol particular, o (exercício), 111
"*Mind the gap*" (mensagem do metrô de Londres), 29
MindBe (EUA), 26
Mindful Awareness Research Center (Universidade da Califórnia, UCLA), 26
Mindful Living Week (EUA, 2018), 76
Mindful Schools, 10
Mindfulness Based Stress Reduction (MBSR), 51
MIT (Massachusetts Institute of Technology), 10, 29-30, 41
momento presente *ver* presente
monges budistas, 24, 126
mortalidade, taxas de, 50
mundo exterior, 17-8, 25, 40-1, 58, 65, 141
mundo interior, 40-1, 86, 141-2
músculos, 49, 98, 122-3, 127, 132
música suave, meditação com, 84, 136

nacionalistas/separatistas, movimentos, 31, 33
não violência, 59-60; *ver também* paz
narinas, 15, 101, 105-6
nariz, 100, 102, 104-5, 108, 121
natureza, contato com a, 133
necessidades humanas, maiores, 33
negatividade, 19, 38, 47-8, 58, 64
neurociência, 12, 23, 42, 124
neurônios, conexões entre os, 43
neuroplasticidade, 42-4, 52; *ver também* cérebro; sistema nervoso
Newton, Isaac, 70
nível de consciência, 15, 22, 60, 142
niyamas, 24
"normalidade", 30

152

objetos de concentração, 87
obrigação, mindfulness *versus*, 90
Observador das emoções (exercício), 106-7
Ocidente, 11, 16
olfato, 84, 108, 131
olhos entreabertos, meditação com os, 86
olhos fechados, meditação com os, 86, 102-3, 107, 121, 135, 138
Olivetto, Washington, 35
Om (mantra), 89, 137
ombros, 86, 98, 123, 125
ONU Meio Ambiente, 38
opções, excesso de, 31, 35
Oriente, 71
otimismo, 44, 68-70, 102, 112-3
Oxfam (ONG), 32
oxigênio, 49

paciência, 60-1, 91
padmasana ver lótus, postura de
pais, 12, 16, 26, 32, 53, 57, 60, 65, 68, 72, 90, 93, 96, 109, 142
paladar, 108, 131
palavras e ações, adequação entre, 62; *ver também* retidão
Paracelso, 61
Patañjali (sábio hindu), 24
paz, 12, 22, 58-9, 79, 92, 106, 113-4, 116-20, 130
peito, 24, 86, 98-101, 104, 112-3, 122, 125
pensamento racional, 46
pensamentos, 20, 22, 25, 27, 43, 54, 56, 58-9, 62-3, 66, 74, 76, 84-5, 87, 89, 92, 94, 98, 101, 103, 106, 108-9, 113, 117, 123, 125, 129-30, 136-7, 142
Pequeno príncipe, O (Saint-Exupéry), 127
perdão, 54
perfeccionismo, 59
pernas, 85, 98, 124, 135

perseverança, 64-5
persistência, 18, 64-5, 70, 127
pés, 24, 85, 98, 102, 124, 133, 135
pescoço, 86, 123
pessimismo, 43, 68
plantas, mindfulness no cuidado de, 133
Postura em Pé, 98-100, 102, 106
Postura Sentada, 97-101, 103-5, 108-14, 116-8, 120-4
posturas físicas, 24-5, 68
prana (energia vital), 25
pranayamas ver exercícios respiratórios
pratyahara ver abstração dos sentidos
prazer, 47, 55, 66, 79, 91, 108, 134
preconceito, 11, 18
pré-escola, mindfulness na, 26, 45
Preschool Mindfulness Summit (EUA, 2018), 26
Presença Plena, 12-3, 17, 26, 39, 59, 66, 72-3, 90, 141-2
presente, momento, 12-3, 16-20, 22-3, 25, 27, 39-40, 59, 71, 73, 76, 89, 93, 97, 126, 129, 133-4, 137-9
pressão arterial, 49
pretensão, 58-9
prioridade, meditação como, 77-8
propósito de vida, 13, 72-3
psicologia positiva, 12
pulmões, 15, 99-100, 102, 105
pura potencialidade, campo da, 25, 73, 86, 93, 141

quadril, 124, 135
Quarta Revolução Industrial, 55
quietude, 22, 40, 73, 84, 93, 97, 122, 124, 137, 141

racionalidade, 46, 48
raiva, 20, 22, 40, 45-6, 48, 96

rapidez/velocidade, excesso de, 31, 36-7
realização pessoal, 13
recompensas pela meditação, definição de, 79-80
recursos naturais, consumo de, 31
Rede de Mulheres Brasileiras Líderes pela Sustentabilidade, 38
redes sociais, 58, 63
reeducação alimentar, 108
refugiados, crise dos, 30-1, 33
rei e rainha, postura de, 85-6
relacionamentos, mindfulness e, 96
relações digitais, 34
relaxamento, 14, 85, 87, 95-6, 103-4, 106, 121-5, 136
resiliência, 21, 44, 54-5, 70, 94, 112-3, 137
respeito, 54-5, 68, 132
respiração, 15, 25, 76, 82, 86-7, 89, 94, 96-7, 99-106, 122-3, 128-32, 136-7
Respiração Completa, 87, 99, 101, 106, 108-14, 116-8, 120-4, 128
Respiração Consciente, 87, 100, 102-4, 106, 128
Respiração das Narinas Alternadas, 105-6
Respiração do Abraço, 104-5
Respiração Relaxante, 103-4
resposta automática ao estresse, 48
resposta mindful para as situações estressantes, 40, 51-2
ressentimento, 63
retidão, 54, 61-2
Revolução do sono, A (Huffington), 37
Reward Work, Not Wealth (documento da Oxfam), 32
rishis (antigos sábios indianos), 11, 38, 52
ritmos da natureza, 31
rituais mindful, 127-8
rotina, sair da, 134-5
Rumi (poeta sufi), 141

sabedoria, 17, 60, 69, 72, 76, 92, 115, 137, 142
sábio interior, o (exercício), 114
sábios indianos *ver rishis* (antigos sábios indianos)
saciedade alimentar, 108, 134
Saint-Exupéry, Antoine de, 127
samadhi, 25
sangue, 49
sânscrito, 24-5, 31, 52, 56, 59, 68-9, 85, 98, 137
santocha ("alegria por ser"), 68
São Paulo (SP), 10, 89
sat-chit-ananda [verdade, consciência e contentamento], estado de, 25, 64
"saudade do lar", 38, 141
saúde, 9, 16, 21, 25, 31, 33, 36, 40-1, 72, 82, 116-20, 123, 125, 130, 133
Scharmer, Otto, 29-31, 41
segurança, 21, 30, 66, 72, 116-20, 130
sensações, 18-20, 22, 25, 86, 92, 101, 107-9, 117, 123, 129, 136
sentado, meditação, 85
sentidos, 25, 45, 53, 65-6, 107-8, 131
sentimentos, 19-20, 22, 46, 54, 64-6, 70, 94, 97, 106-7, 109, 118-9, 129, 142
ser humano, 11-2, 22, 31-2, 40, 51, 62, 65, 70-3, 86, 93, 119, 131, 141
Siegel, Daniel J., 26
silêncio, 12, 36, 38, 59, 67, 73, 84, 88-9, 92-3, 107, 109, 114-5, 133, 136, 141
síndrome do pânico, 50
sistema imunológico, 34, 49, 133-4
sistema límbico, 45
sistema nervoso, 26, 44, 87, 131; *ver também* cérebro; neuroplasticidade
sistemas complexos, transformação de, 30-1, 41
Sloane School of Business (Escola de Negócios do MIT), 29-30

sociedade justa/feliz, caminho para uma, 9, 13, 19, 21, 25, 28, 30, 38, 40, 54, 61, 68

Sócrates, 75

sofrimento, 28, 51, 54, 65, 67, 119, 121

solidão, 33-4, 70

solidariedade, 21, 25, 62

sono, 36-7, 50, 85

sons, mindfulness e *ver* mantras

subjetivas, verdades, 68

suicídios, 31, 33

suspensão do julgamento, 19

tecnologia, 23, 26, 32-3, 37

tempo, uso sustentável do, 38

"tempos pós-normais" (séc. xxi), 30

Teoria U, 31, 41

teravada, budismo, 24

Terceira medida do sucesso, A (Huffington), 37, 41

Terra, planeta, 120, 141

Thrive Global (website), 37

Times (revista), 37

tolerância, 60-1, 105, 107

"tolerância zero" à autossabotagem, 81-3

Tolle, Eckhart, 39

toque (tato), 108

Torção (exercício), 124-5

toxicologia, 61

tóxicos, sentimentos, 63

tradições contemplativas, 11, 23, 73

tranquilidade, 39, 71

treinamento mental, meditação como, 27

tristeza, 20, 22, 48, 59, 65

tronco cerebral, 45

umbigo, região do, 104

"união", ioga como, 24

Universidade da Califórnia (uc Berkeley), 10, 76

Universidade da Califórnia (ucla, Los Angeles), 26, 33-4

Universidade da Carolina do Norte, 10

Universidade de Cambridge, 11

Universidade de Chicago, 34

Universidade de Massachusetts, 16

Universidade de Oxford, 11

Universidade de Wisconsin, 32, 42, 44

Universidade Harvard, 11, 26, 55

Universidade Stanford, 11

universidades, mindfulness nas, 10-1, 16, 23, 25, 44, 115

universo, todo do, 24

urbanização, 32

Uther Pendragon, rei (lenda medieval), 73

vaidade, 58-9

Valores essenciais, 54, 56-73, 94, 141

Vamadeva Shastri (David Frawley), 88

vazios do ser humano, 34

Vedas (escrituras indianas), 10, 52, 83

velas, meditação com, 25, 83-4, 87

verdade, valor da, 67-8

vibração da culpa, 38

vibração da gratidão, 71, 113

vibração do amor, 71

violência, 31, 54, 59-60

virtual, vida, 34

visão, 39, 86, 107-8, 130

"volta ao lar", mindfulness como caminho de, 39

vuca (*volatile, uncertain, complex, ambiguous*), pós-normalidade como, 30

"Walk your talk" ["faça na prática o que você prega"] (ditado inglês), 62

Winfrey, Oprah, 39

xenofobia, 33

yamas, 24
Yoga sutras (Patañjali), 24

Yongey Mingyur Rinpoche (monge budista), 126

zona de conforto, estresse *versus*, 47

TIPOGRAFIA Adriane por Marconi Lima
DIAGRAMAÇÃO Osmane Garcia Filho
PAPEL Pólen Soft
IMPRESSÃO Gráfica RR Donnelley, abril de 2019

A marca FSC® é a garantia de que a madeira utilizada na fabricação do papel deste livro provém de florestas que foram gerenciadas de maneira ambientalmente correta, socialmente justa e economicamente viável, além de outras fontes de origem controlada.